围棋

速成围棋入门篇（下）

黄焰　金成来　著

姓名	

图书在版编目（CIP）

速成围棋：入门篇（下）/〔韩〕黄焰 金成来著.—青岛：青岛出版社，2006.6
ISBN 978-7-5436-3702-3

Ⅰ.速... Ⅱ.①黄...②金... Ⅲ.围棋—基本知识 Ⅳ.G891.3

中国版本图书馆CIP数据核字(2006)第060827号

韩国乌鹭出版社授权出版
山东省版权局著作权合同登记号 图字：15-2006-048号

书　　名	速成围棋：入门篇（下）
作　　者	黄焰　金成来
出版发行	青岛出版社
社　　址	青岛市徐州路77号（266071）
本社网址	http://www.qdpub.com
邮购电话	13335059110　（0532）80998652
责任编辑	吴清波　E-mail:wqb@qdpub.com
印　　刷	青岛新新华印刷有限公司
出版日期	2007年2月第1版,2008年3月第7次印刷
开　　本	16开
印　　张	11
字　　数	220千
书　　号	ISBN 978-7-5436-3702-3
定　　价	18.00元

编校质量、盗版监督电话　（0532）80998671

前言

很多小朋友在学围棋，这对围棋界来讲是令人振奋的。有儿童教育是百年大计的说法，所以围棋从儿童抓起对于围棋的未来是至关重要的。尽管如此，从现实的角度来看围棋教育有很多需要改进的问题。特别是在围棋教育的一线直接与学生接触的老师的教学法和学生对教材理解程度留有很多有待研究的课题。这些问题虽在韩国棋院或协、围棋学科等进行讨论研究，由于研究人员缺乏等原因还是满足不了围棋教育发展的需要。

笔者开始关心儿童围棋的入门教育是从2002年开办围棋教室开始的。虽然有20多年的围棋指导经历，由于指导的对象多数是一定围棋水平的学生，与年龄较小（七八岁前后）学生，只进行较短时间（每天1小时）教育的教育方法是不同的。在入门教学当中笔者虽摸索着进行了研究，遇到的困难还是不少的。具体有两点，一是教材，二是教学法。

首先，笔者采用在韩国围棋教育最普及的教材，以此为中心进行教学。但是教材里缺少了很多入门过程需要的部分，其结果是学生的棋力没有得到预期的提高。这个内容的空缺就需要用教育者的能力来弥补，从这里也可看到没有教学法的研究成果导致的教学规范的混乱局面。

围棋教室在韩国形成已有10多年，但还没有系统而科学的像样的有关教学法的教材，这也说明我国的围棋教育还缺乏科学性和规范性。

笔者认识到入门教育的弊端和问题的严重性，为克服这些问题我们出版了这套教材。此教材适当降低了已有教材的难度，为改变以往把围棋看成是吃子游戏的错误想法，从1卷开始收入了地（空）和行棋等围棋基础概念。同时收录了有趣的提高思考能力的问题，以搞活教材的趣味性。注意力训练问题也是提高围棋兴趣的内容。希望我们的努力和教材能够抛砖引玉为围棋教育做出微薄的贡献，这也是我们编此教材的宗旨所在。我们为此将继续努力研究。

金成来 黄焰

中文版补言

2005年年初为了孩子的中文教育我来到了青岛，并开办了黄焰围棋社。在教学中使用了从韩国带回来的这套速成围棋教材，初学者学习围棋的兴趣浓了，棋力提高非常快。但因为文字不同，使用起来十分不便，于是便产生了把这套书引进到中国大陆出版的想法。感谢青岛出版社的领导和编辑有魄力，有远见，使得这套系列教材不久就要在中国大陆出版了。广大读者在使用中有什么意见和建议，欢迎批评指正。

黄焰

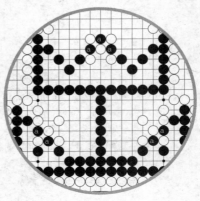

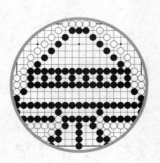

目 录

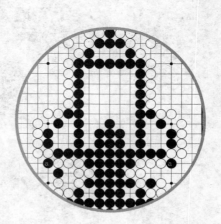

1 互相叫吃

黑棋与白棋互相都被叫吃的形状叫互相叫吃。

这里先提对方棋子才是上策。

围棋

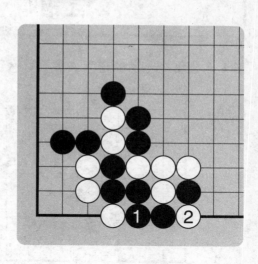

1图　白1叫吃。黑应如何下？

2图　黑1连，不成立。

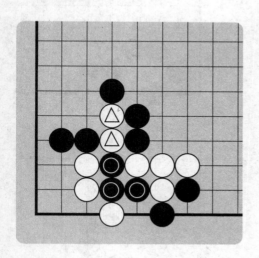

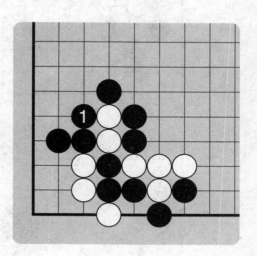

3图　这里黑●与白△成为互相叫
吃之形。

4图　因此，黑棋应1位提。

1. 互相叫吃

学习日期	月	日
检		

白1,走出下一步黑的应手，黑要留意互相叫吃。

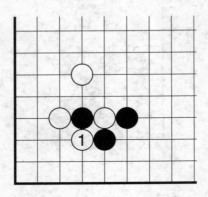

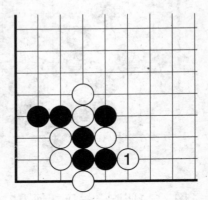

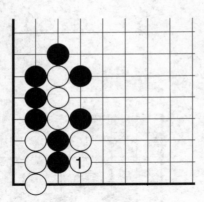

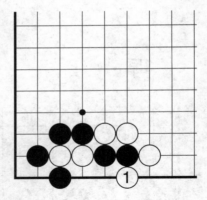

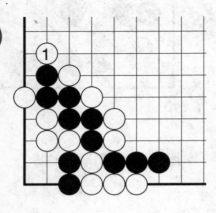

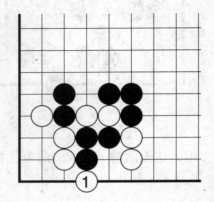

1. 互相叫吃

学习日期	月	日
检		

白1,走出下一步黑的应手。黑要留意互相叫吃。

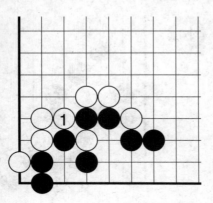

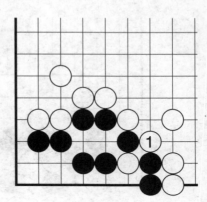

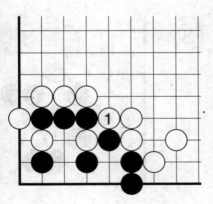

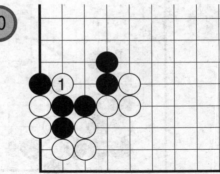

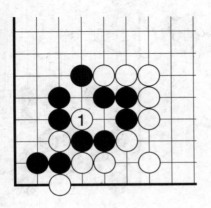

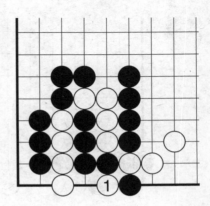

1. 互相叫吃

学习日期	月	日
检		

白1,走出下一步黑的应手。黑要留意互相叫吃。

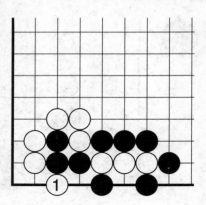

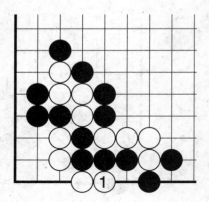

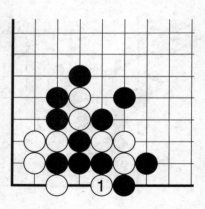

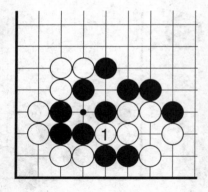

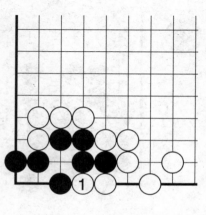

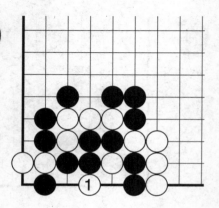

1. 互相叫吃

白1,走出下一步黑的应手。黑要留意互相叫吃。

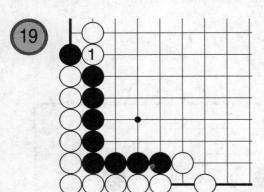

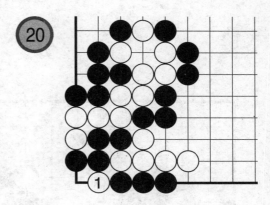

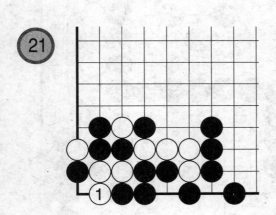

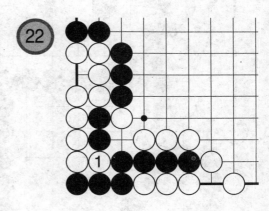

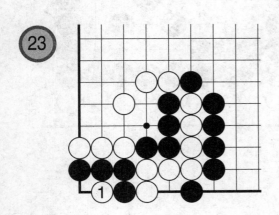

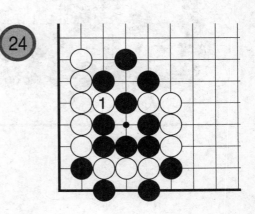

1. 互相叫吃

黑成为互相叫吃之形。（各下一手解决）

25

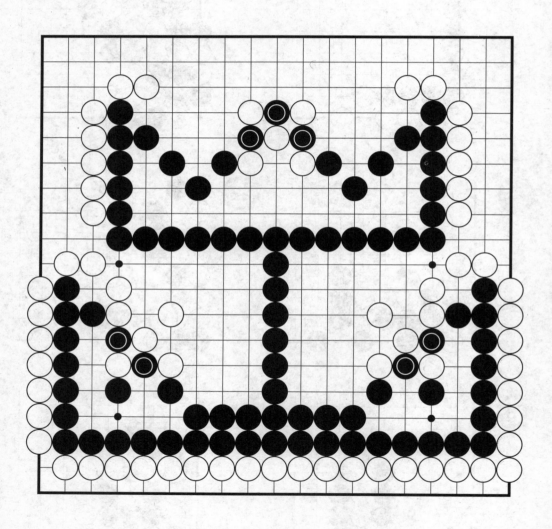

1. 互相叫吃

黑 ● 成为互相叫吃之形。（各下一手解决）

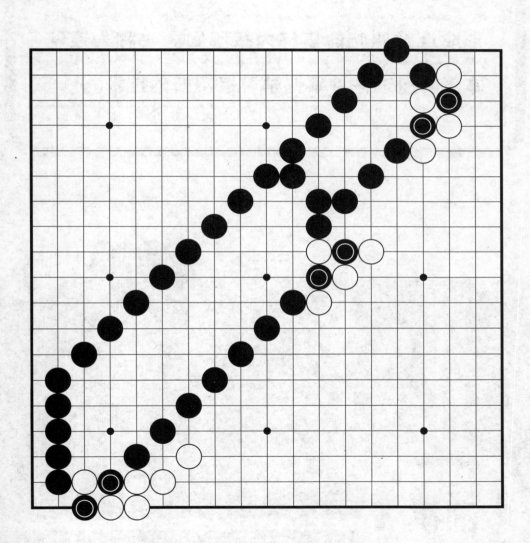

2 接不归

形成连续叫吃的棋称为接不归。也称为连吃。

本章将通过各种事例学习接不归的技术。

围棋

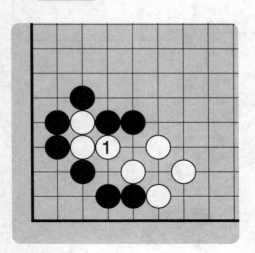

1图　白1逃，想一下吃白的方法。

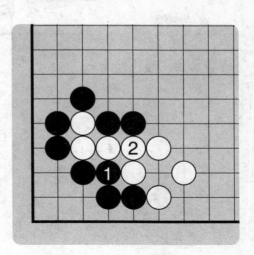

2图　黑1叫吃白2连活棋。

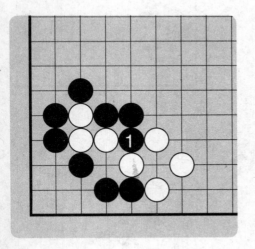

3图　黑1，好棋。

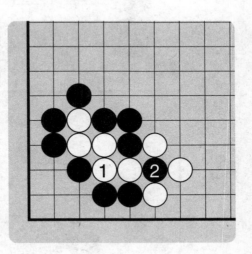

4图　白1连，黑可2位提。

2. 接不归

学习日期	月　　日
检	

白1，请黑用接不归吃白。

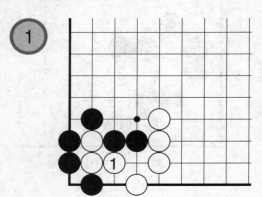

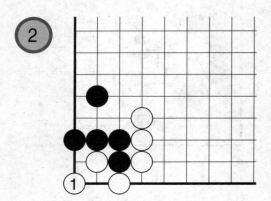

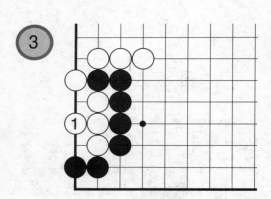

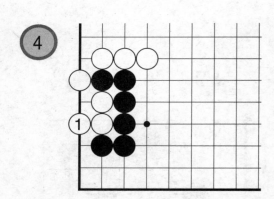

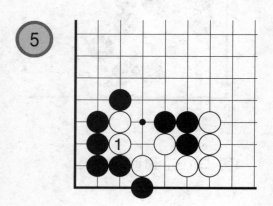

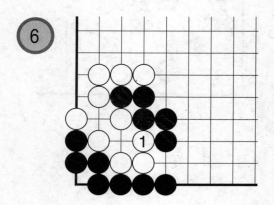

2. 接不归

白1，请黑用接不归吃白。

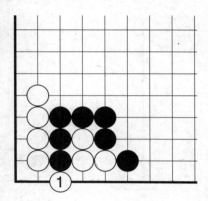

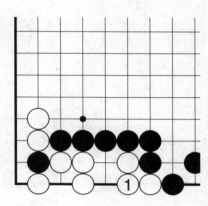

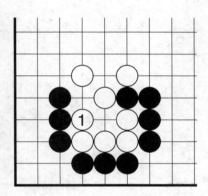

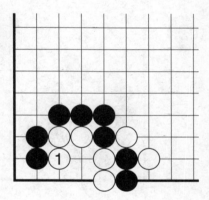

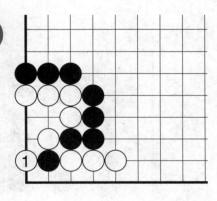

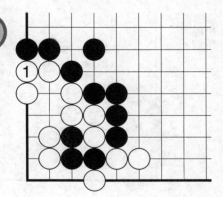

2. 接不归

白1，请黑用接不归吃白。

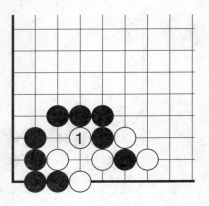

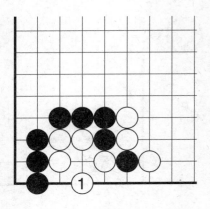

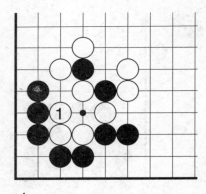

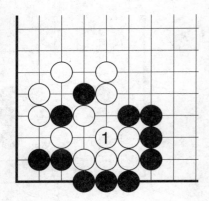

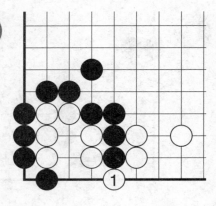

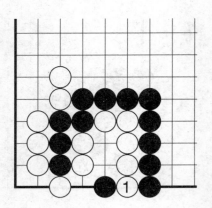

2. 接不归

找出接不归吃白之处。（4处）

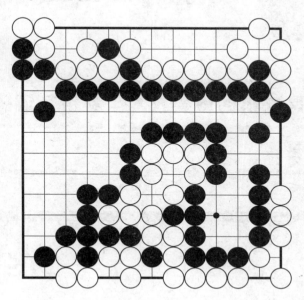

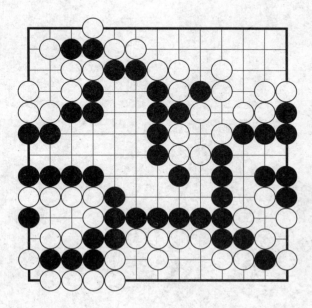

3 征和罩

征和罩是吃棋的重要技术。利用征还是罩其选择很重要。

围棋

征

1图

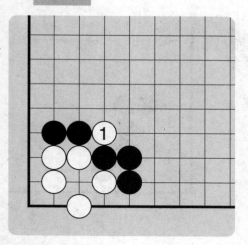

1图 白1断，黑如何？

2图

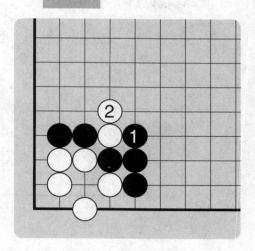

2图 黑1则白2，容易逃走。

3图

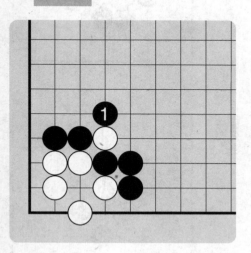

3图 这里黑1征吃白棋正确。

4图

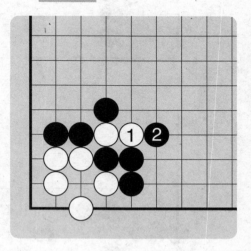

4图 白1逃，黑2征白无路可逃。

3-1. 征

白1，请黑征吃白棋。（1手）

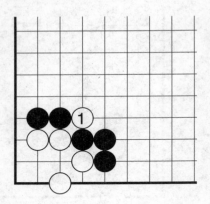

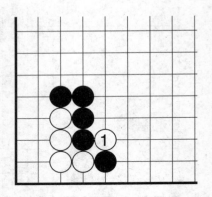

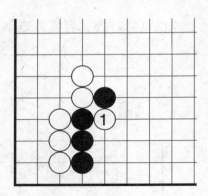

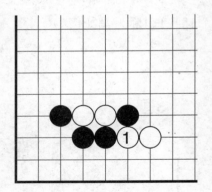

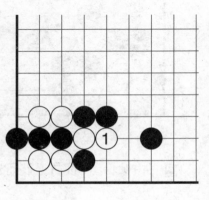

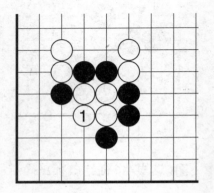

3-1. 征

学习日期	月 日
检	

白1，请黑征吃白棋。(1手)

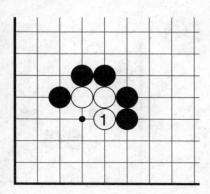

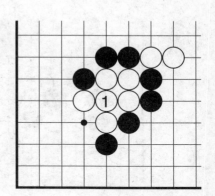

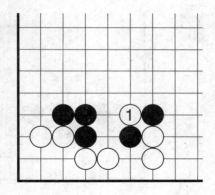

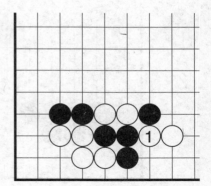

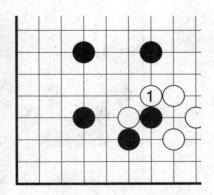

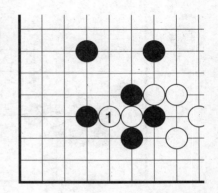

3-1. 征

白1，请黑征吃白棋。（1手）

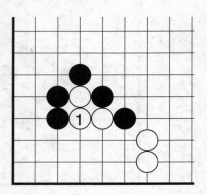

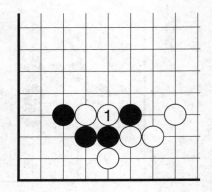

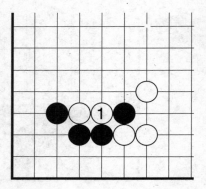

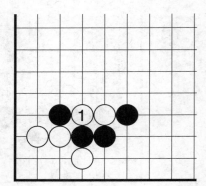

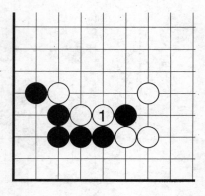

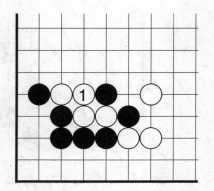

1图

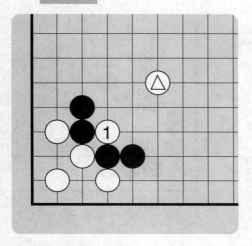

1图 在有白△的情况下，白1断。

2图

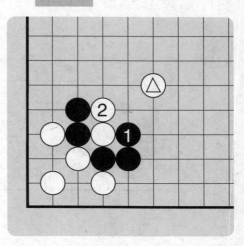

2图 黑1打吃，由于白△照应白可逃走。

3图

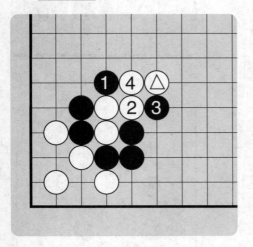

3图 黑1，3继续叫吃，白与白△连接。

4图

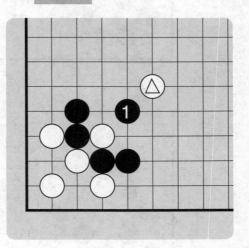

4图 因此，这时，黑1罩可吃白棋。

3-2. 罩

白1，请黑罩吃白棋。

 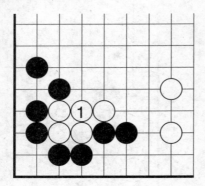

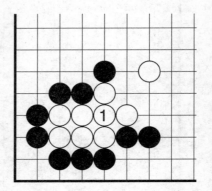

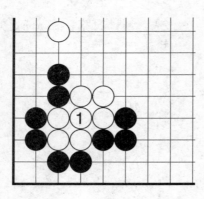

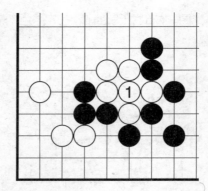

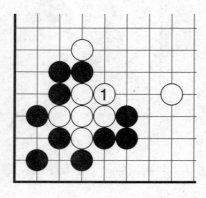

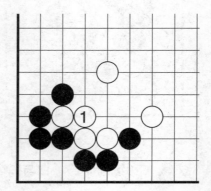

3-2. 罩

白1，请黑罩吃白棋。

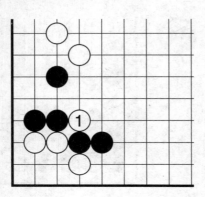

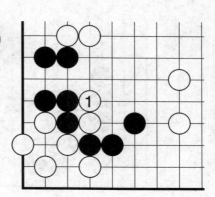

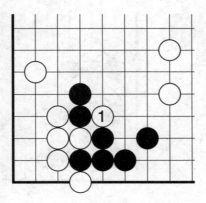

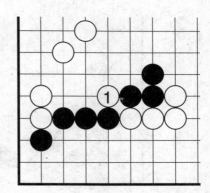

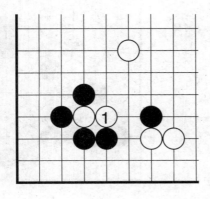

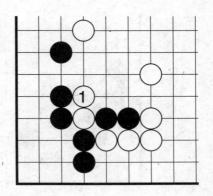

3-2. 罩

叫吃白⊗后罩吃白（3手）。

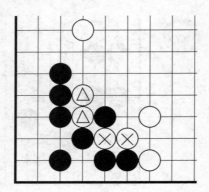

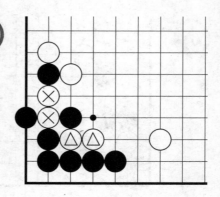

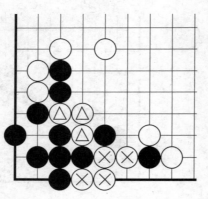

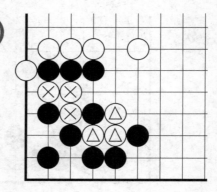

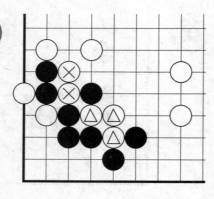

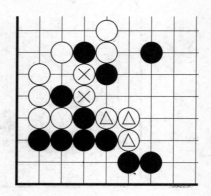

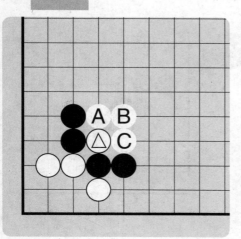

1图 吃白的方法有A的征和B的罩。

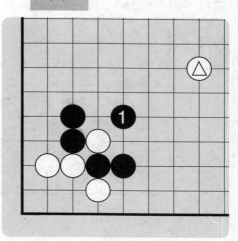

2图 有白△时征子不利要用罩吃白棋。

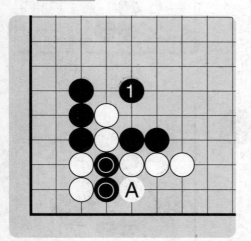

3图 这里形成了对杀。黑1罩，则黑气少于白棋。白A则黑死。

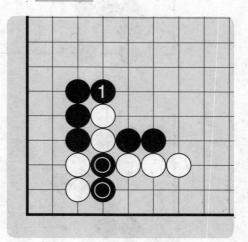

4图 所以，黑应征吃白。

3-3. 征和罩选择哪个？

白1，黑利用征和罩吃白棋。

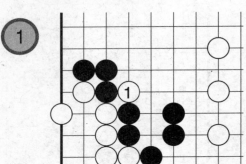

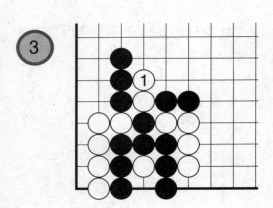

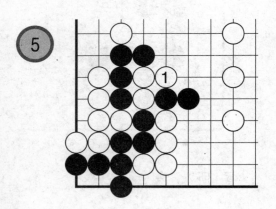

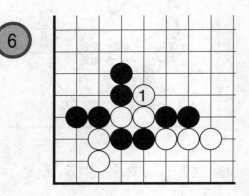

3-3. 征和罩选择哪个?

学习日期	月	日
检		

白1，黑利用征和罩吃白棋。

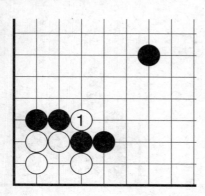

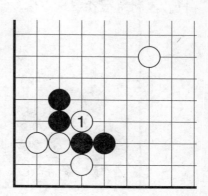

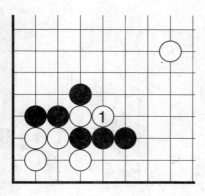

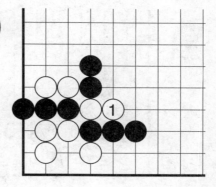

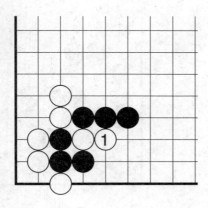

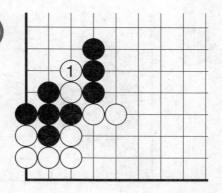

3-3. 征和罩选择哪个?

白1，黑利用征和罩吃白棋。

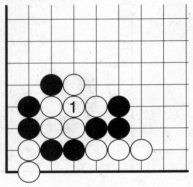

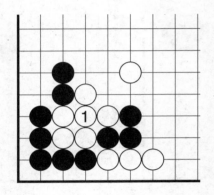

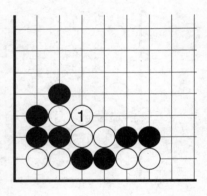

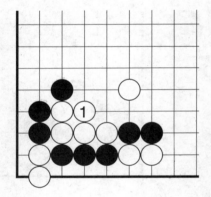

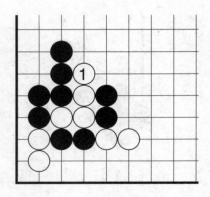

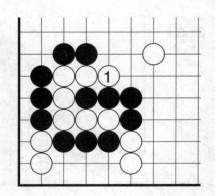

3-3. 征和罩选择哪个?

白1，黑利用征和罩吃白棋。

19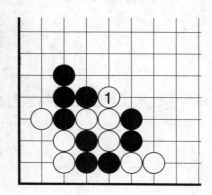

20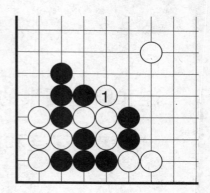

21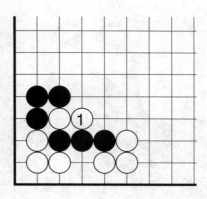

22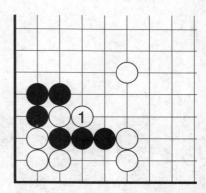

23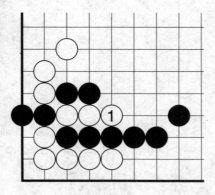

24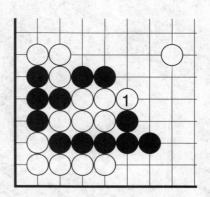

4 连和断

连和断是围棋的基本。本章通过各种类型的习题来学习连和断。

围棋

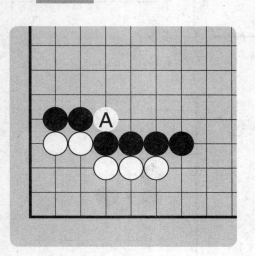

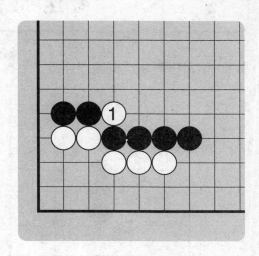

1图A是断点吗？

2图 当然，白1可以断黑棋。

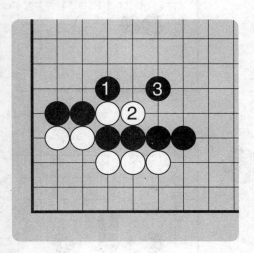

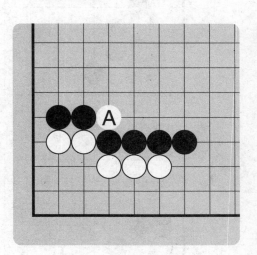

3图 这里形成对杀，黑1、3叫吃，罩死白棋。

4图 因此A处无法断黑棋。

4. 连和断

白1，请黑棋利用虎口或双连接。

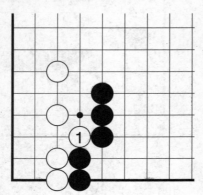

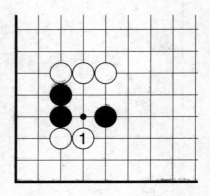

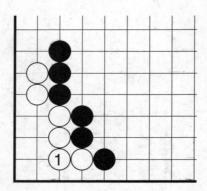

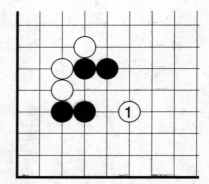

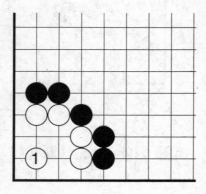

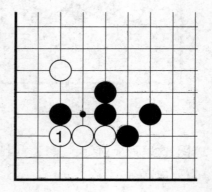

4. 连和断

学习日期	月	日
检		

在A、B中，黑哪个是可以断的，用O标出来。

7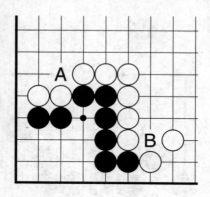

8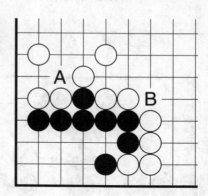

9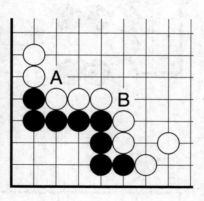

10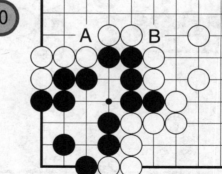

11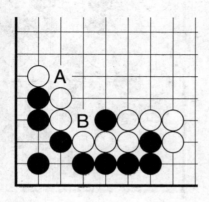

12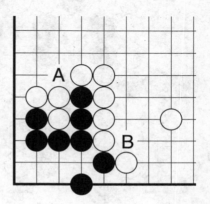

4. 连和断

在黑中找出断点连接起来。

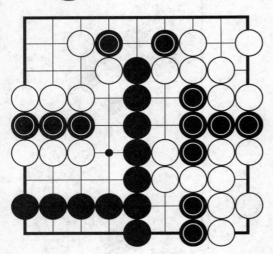

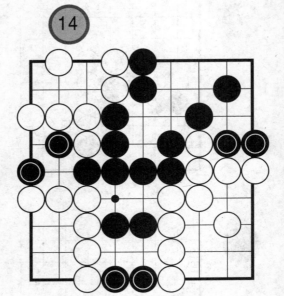

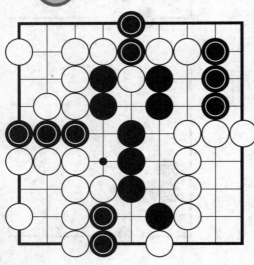

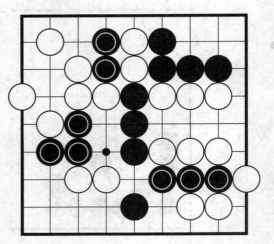

4. 连和断

在有X标记的地方找出可以断白棋之处画上O 。（3处）

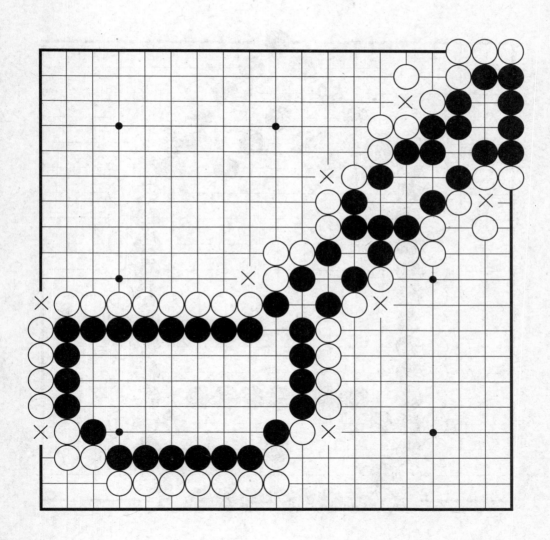

4. 连和断

找出可以切断白棋后杀白的地方画上〇。（4处）

18

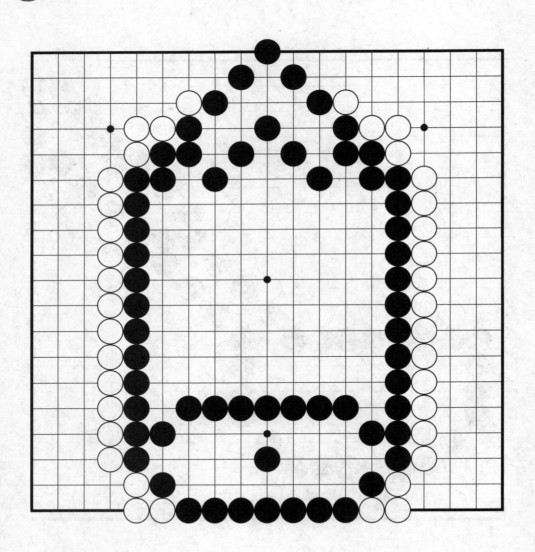

4. 连和断

找出可以切断白棋后杀白的地方画上O。（4处）

19

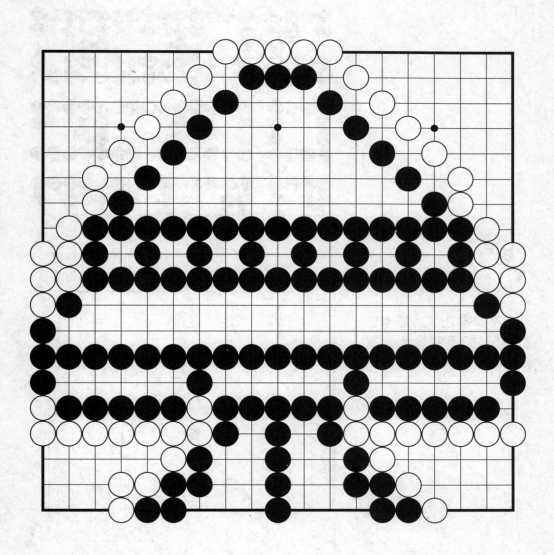

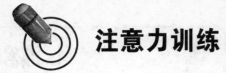

如第一排的例子，把右边的图形涂色，使其变成左图的形状。

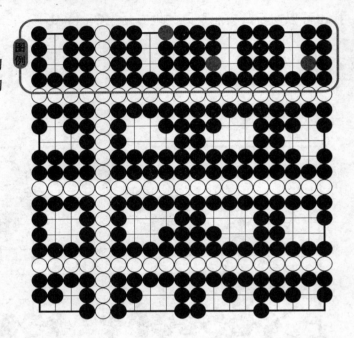

从中央黑●出发，顺着连在一起的3目空涂色，能走到哪个出口。

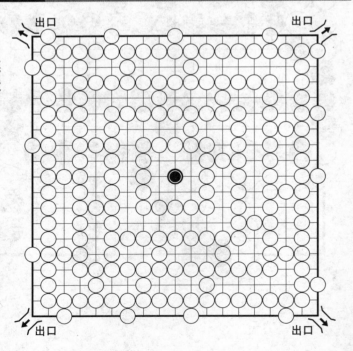

围棋小常识

 格言与行棋

1　虎口是急所

2　逢靠必扳

3　叫吃的地方是急所

4　被断后，在弱子一方长

5　扳二子头、三子头

6　中央提一子30目

7　不要下愚形三角

8　棋从断处生

9　"双"是急所

10　不会征吃，不要下棋

5 叫吃的要领

叫吃的要领在第一册里已经学过。本章通过各种问题来掌握其要领。

围棋

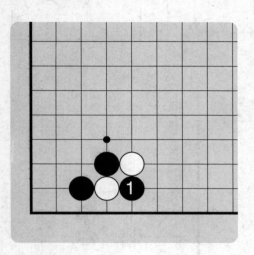

1图 断吃。

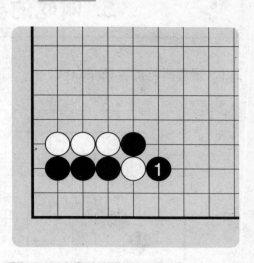

2图 将对方的子向一线方向叫吃。

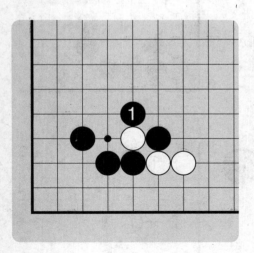

3图 向己方方向叫吃。

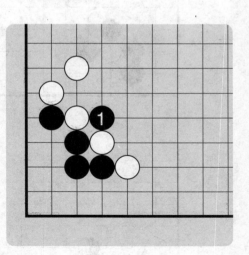

4图 双吃。

5. 叫吃的要领

白1，留意叫吃的要领杀白棋。

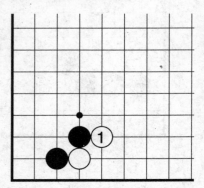

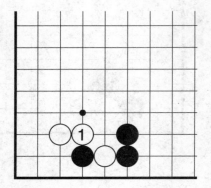

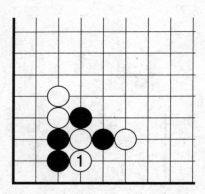

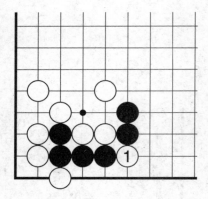

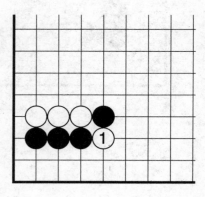

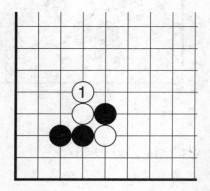

5. 叫吃的要领

白1，留意叫吃的要领杀白棋。

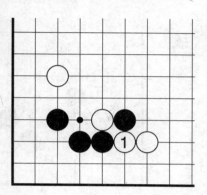

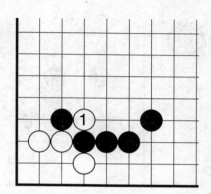

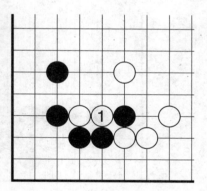

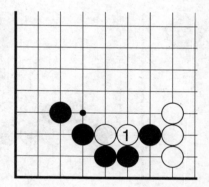

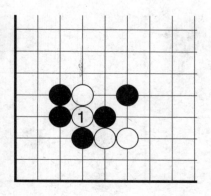

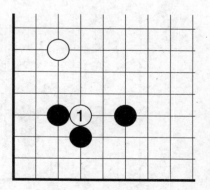

5. 叫吃的要领

学习日期	月	日
检		

白1，留意叫吃的要领杀白棋。

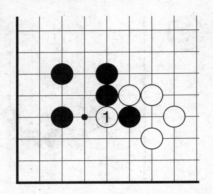

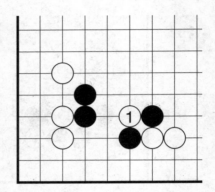

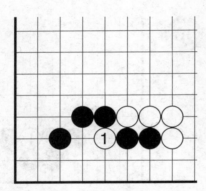

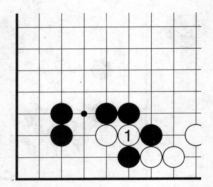

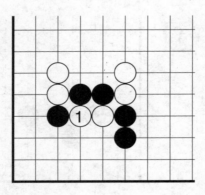

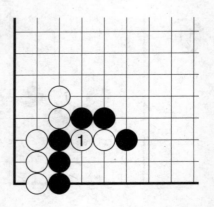

5. 叫吃的要领

白1，留意叫吃的要领杀白棋。

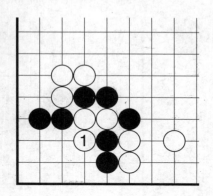

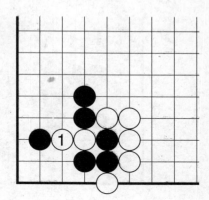

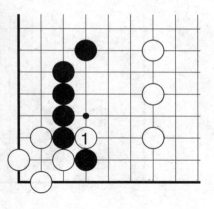

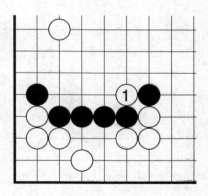

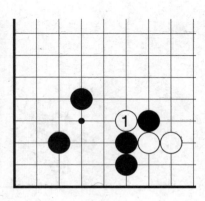

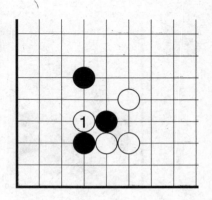

5. 叫吃的要领

学习日期	月　日
检	

白1，留意叫吃的要领杀白棋。

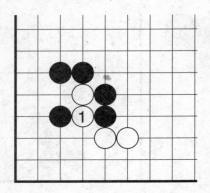

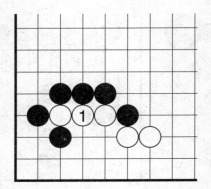

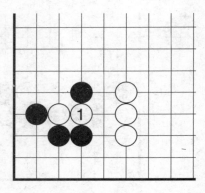

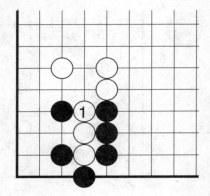

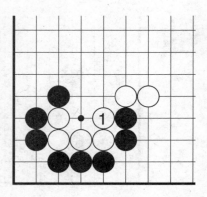

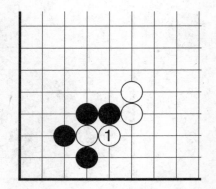

5. 叫吃的要领

学习日期		月	日
检			

白1，留意叫吃的要领杀白棋。

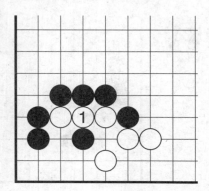

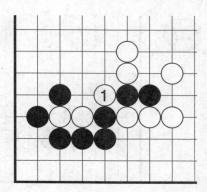

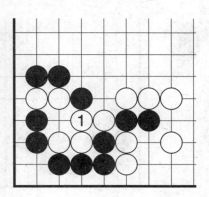

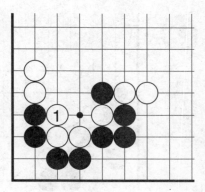

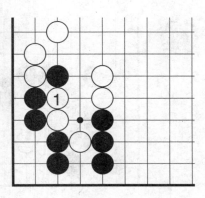

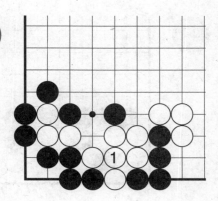

5. 叫吃的要领

学习日期	月	日
检		

白1，留意叫吃的要领杀白棋。

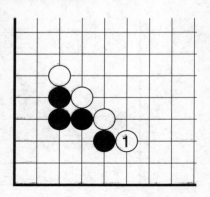

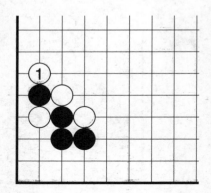

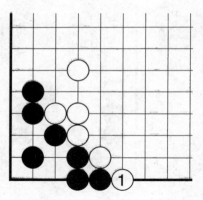

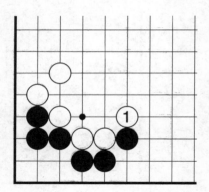

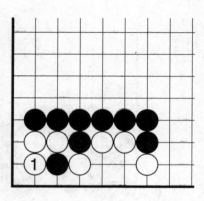

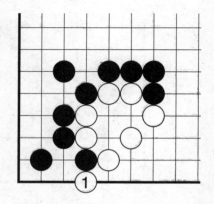

5. 叫吃的要领

找出双叫吃之处用O画出来。（4处）

 43

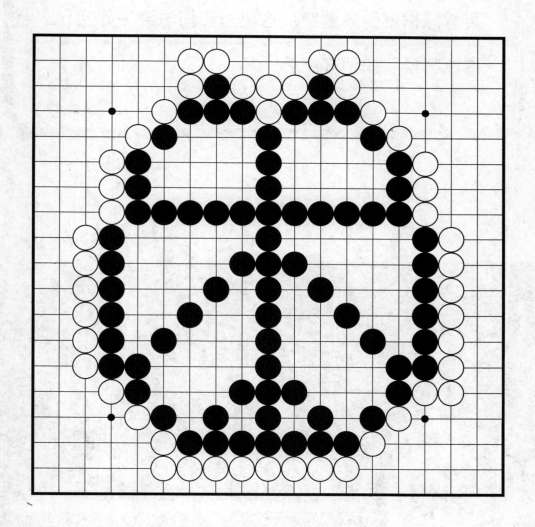

6

地

要想赢棋就要多围空。这要求我们学会守好空。

本章将学习如何守空。

围棋

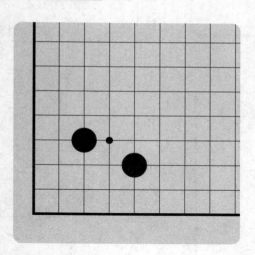

1图 黑棋要守空。

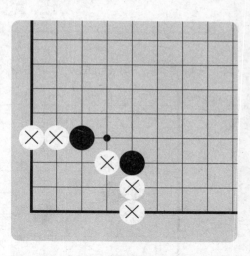

2图 X处如能堵住就可以围成黑地。

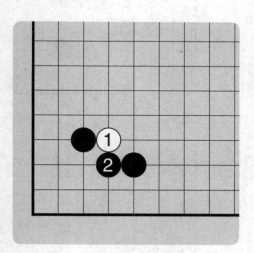

3图 如果白1入侵，黑2挡守空。

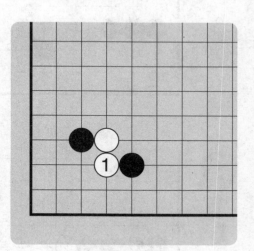

4图 黑如脱先,白1，黑地被破。

6. 地

白1要破黑地，请黑守空。

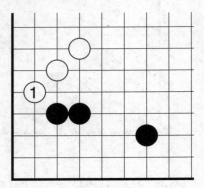

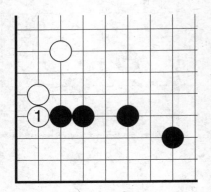

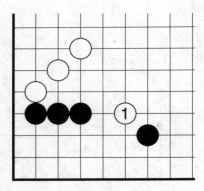

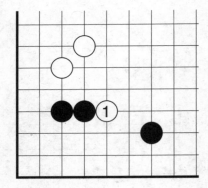

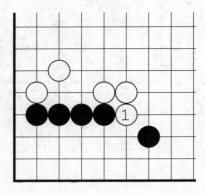

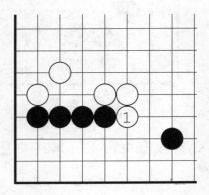

6. 地

学习日期	月	日
检		

白1要破黑地，请黑守空。

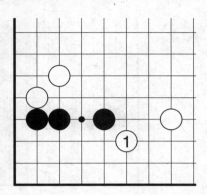

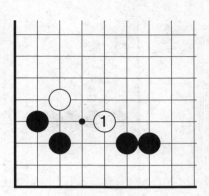

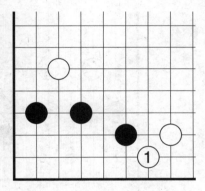

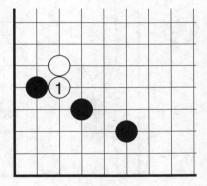

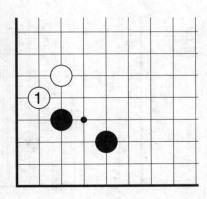

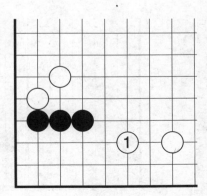

6. 地

白1，请黑跳一手守空。

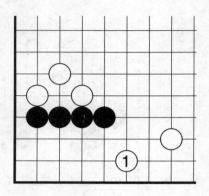

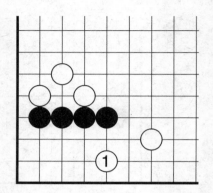

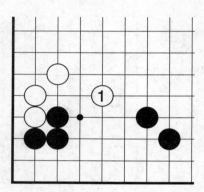

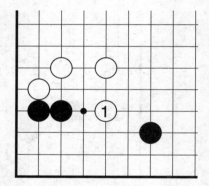

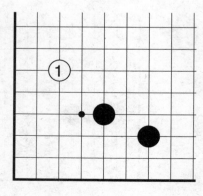

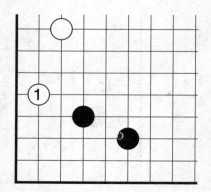

6. 地

白1，请黑守住各处的空。

19

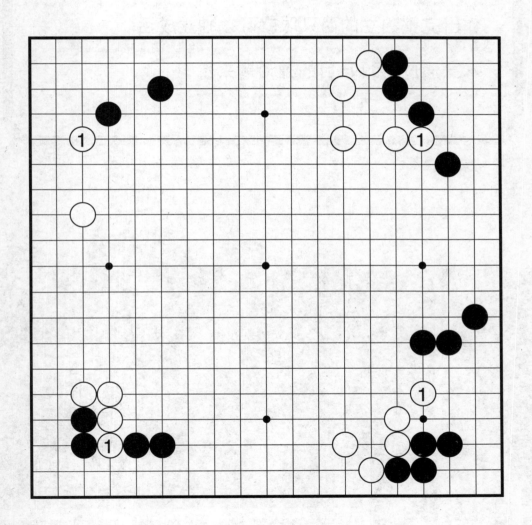

7 死活

作出完整独立的两只眼就可以独立成活。

本章通过3目和4目的死活题来练习。

围棋

1.活形

1图

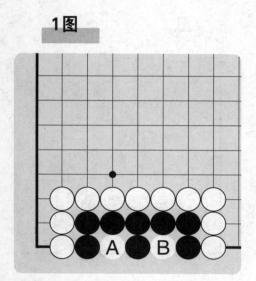

1图 A、B为独立的两只眼是活形

2图

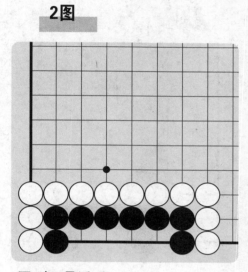

2图 直4是活形。

3图

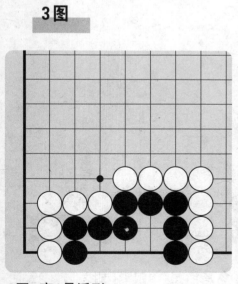

3图 弯4是活形。

4图

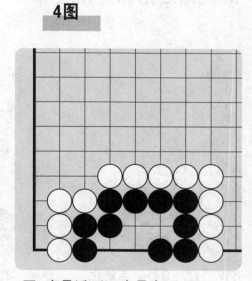

4图 也是活形。也是弯4。

2.死形

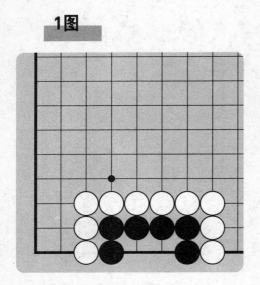

1图　连着的2目是死形。

2图　团着的4目是死形。

3. 能活之形和能死之形

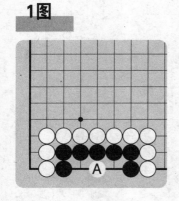

1图　直线3目，A是活棋的急所。

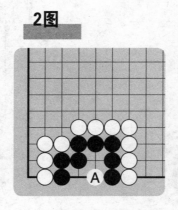

2图　曲线3目，A是活棋的急所。

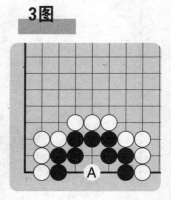

3图　丁四之形，A是活棋的急所。

7. 死活

黑先活。

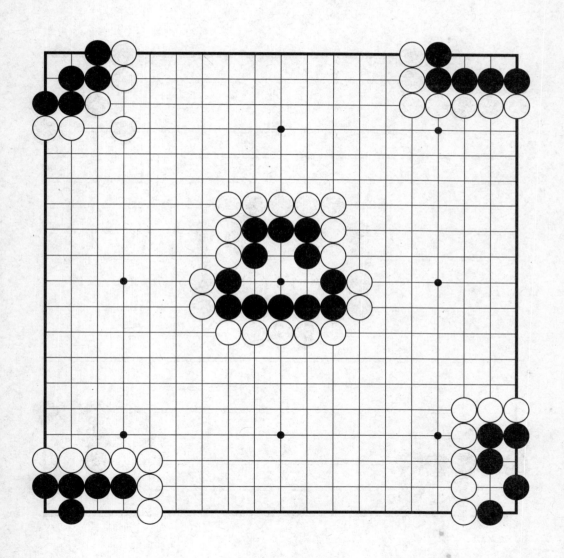

7. 死活

学习日期 月 日 检

学习日期	月　　日
检	

黑先白死。

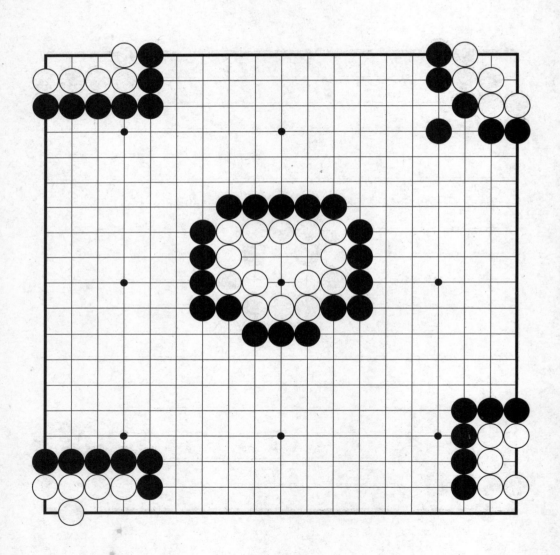

64

7. 死活

学习日期		月	日
检			

黑先活。

③

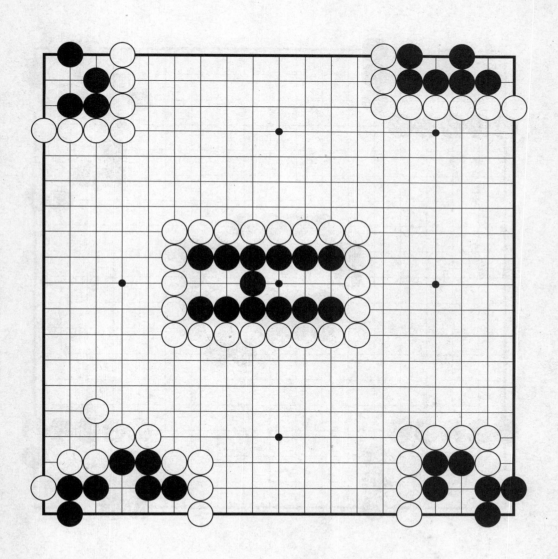

7. 死活

学习日期　月　日

检

黑先白死。

④

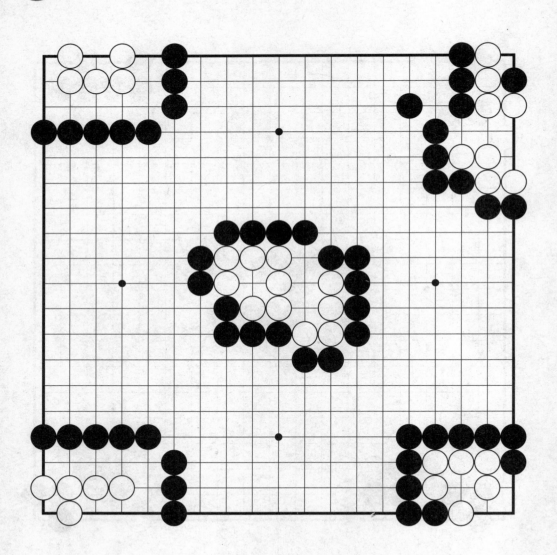

7. 死活

学习日期	月	日
检		

黑棋是活棋画上O，是死棋打X。

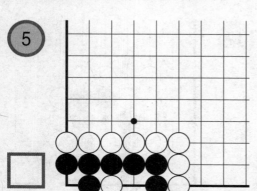

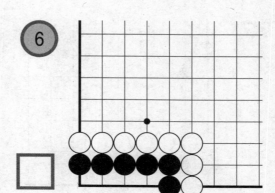

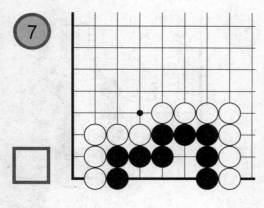

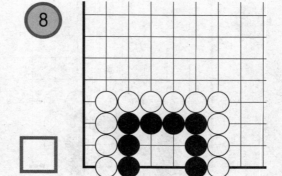

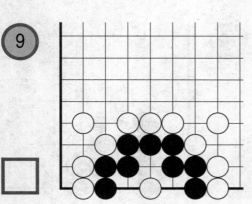

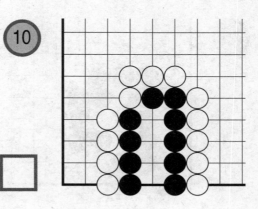

7. 死活

学习日期	月　　日
检	

黑先活。

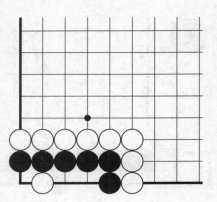

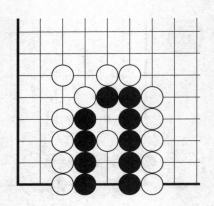

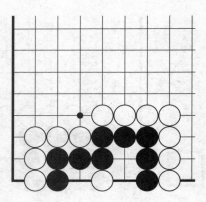

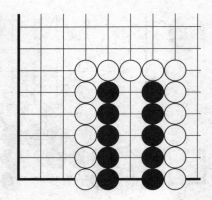

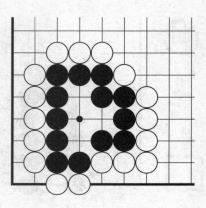

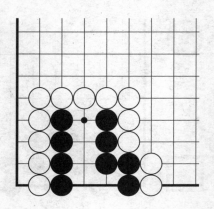

7. 死活

黑先白死。

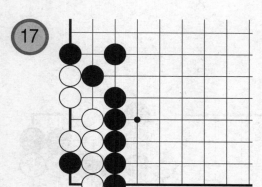

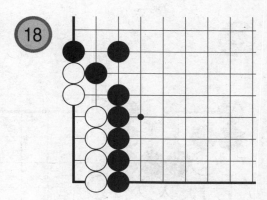

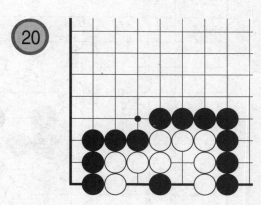

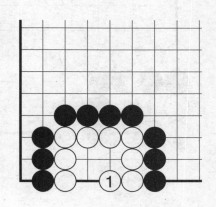

7. 死活

黑先活。

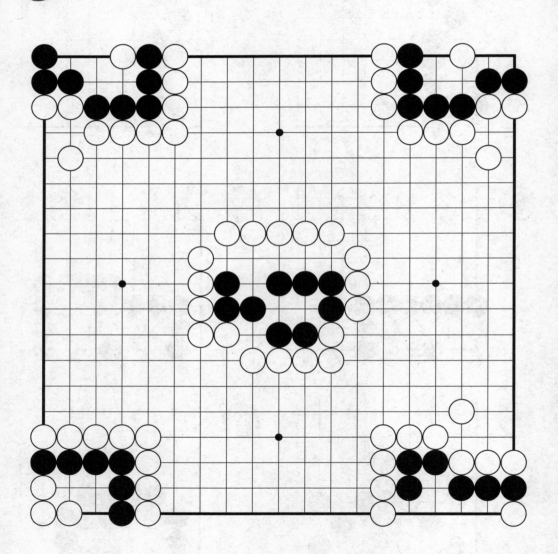

7. 死活

学习日期	月	日
检		

黑先白死。

24

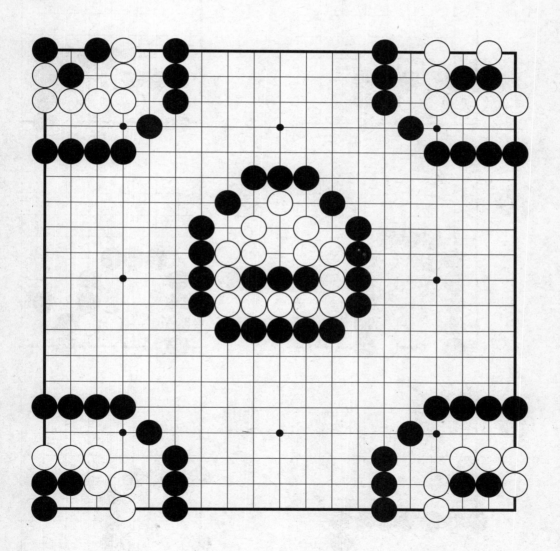

7. 死活

学习日期	月	日
检		

先缩小白空，然后杀白棋。（3手）

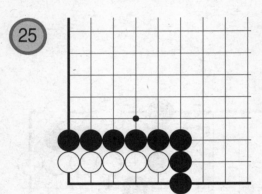

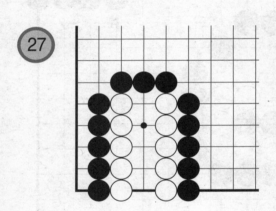

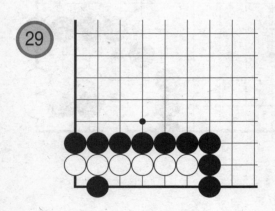

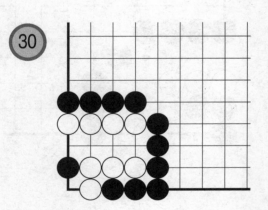

如第一排的例子，把右边的图形涂色，使其变成左图的形状。

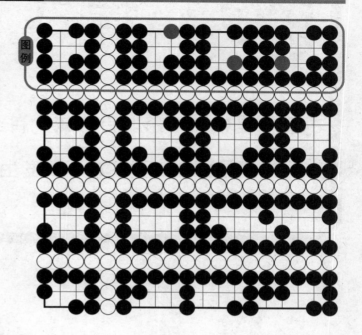

从中央黑●出发，顺着连在一起的4目空涂色，能走到哪个出口。

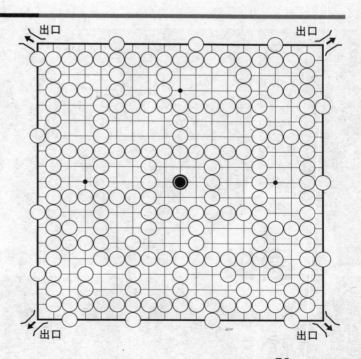

8 撞气

撞气是指在对杀时自己减少自己气的现象。这当然不是好棋。要注意不要发生这种现象。

围棋

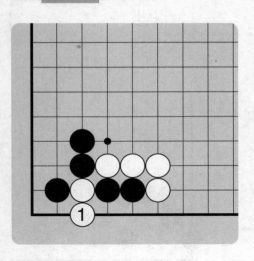

1图 白1不成立。

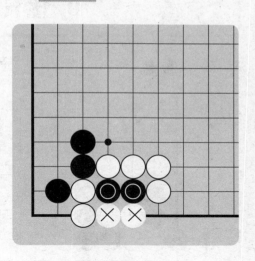

2图 这里黑为两气。

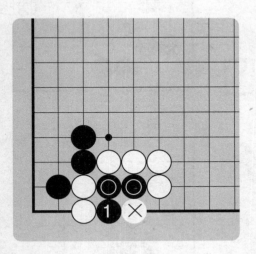

3图 黑1是撞气自紧1气，黑减少了1气。

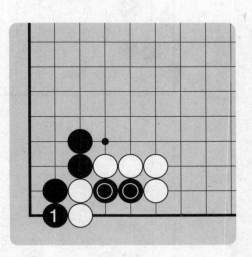

4图 因此，黑应下在1位。

8. 撞气

学习日期	月 日
检	

请标出黑 ● 有几气?

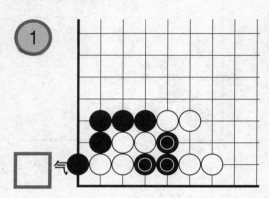

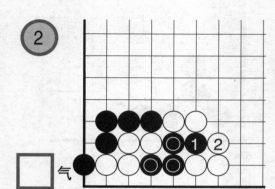

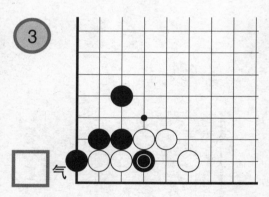

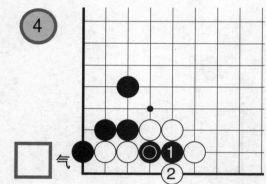

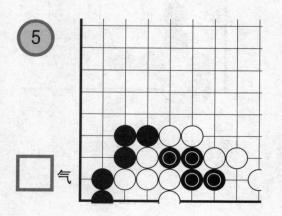

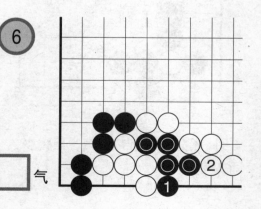

8. 撞气

学习日期	月	日
检		

请标出黑◉ 有几气?

7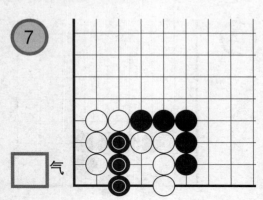

☐ 气

8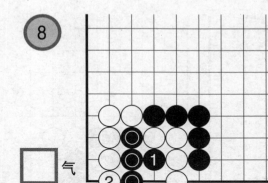

☐ 气

9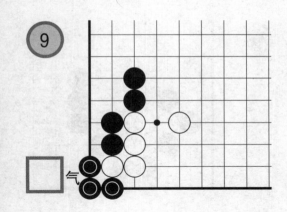

☐ 气

10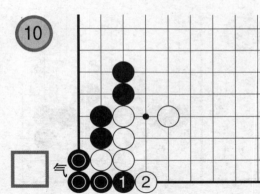

☐ 气

11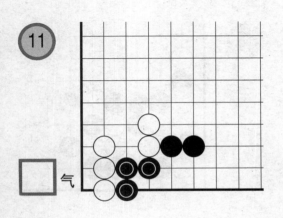

☐ 气

12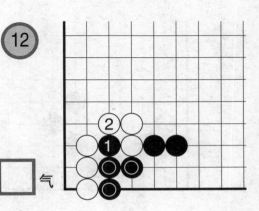

☐ 气

8. 撞气

白1撞气。请标出白棋的弱点。

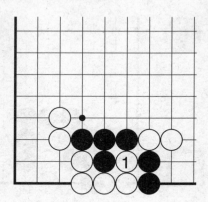

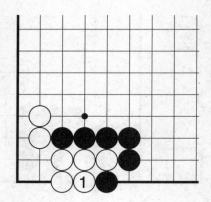

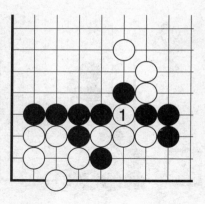

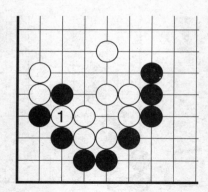

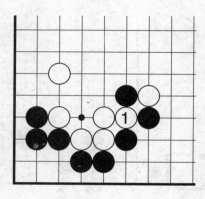

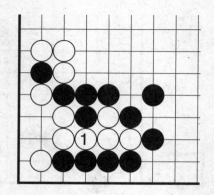

8. 撞气

学习日期	月	日
检		

在白1-8当中找出自己撞气被黑棋吃住的地方并标出番号。（4处）

19 自撞气（ 　　　 ）

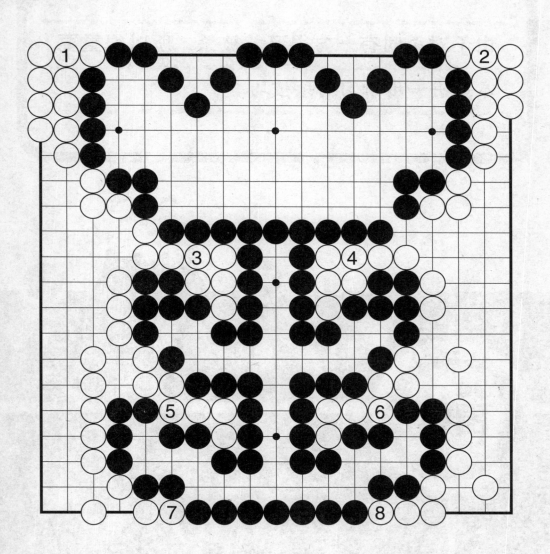

9 对杀

由于对杀时有一方很可能被杀，所以很重要。

本章进一步学习对杀技巧。

围棋

9-1 数气

1图

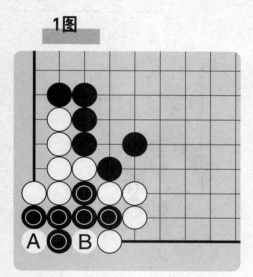

1图 黑 ⬤ 看起来有A、B两气。

2图

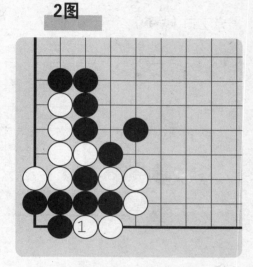

2图 但并非如此，因为白不能马上走白①。

3图

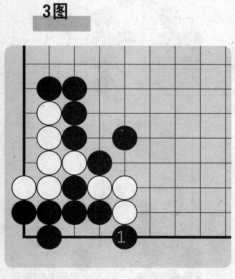

3图 黑1提白2子后，黑的气更长了。

4图

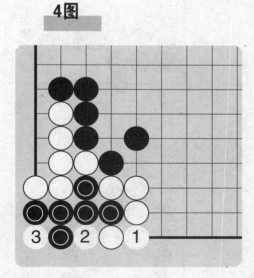

4图 因此，白应以1，2，3的顺序下棋，这样黑 ⬤ 为3气。

9-1. 数气

黑先吃白（1手）。

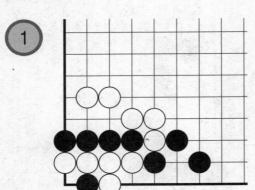

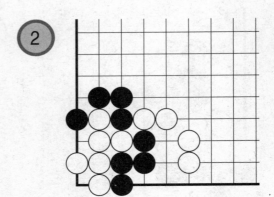

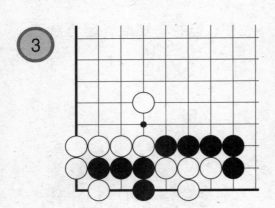

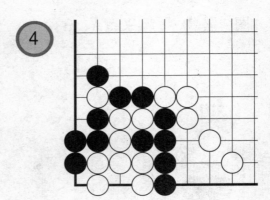

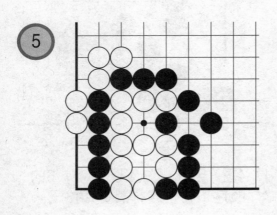

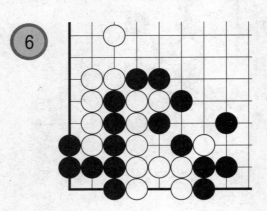

9-1. 数气

学习日期	月 日
检	

参照图例，按紧气的顺序标出白△有几气。

图例

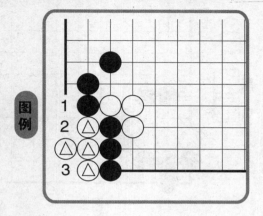

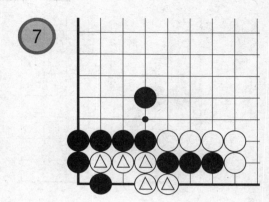

7

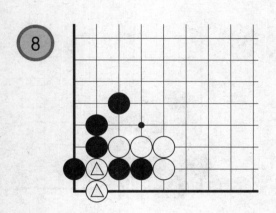

8

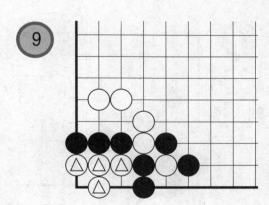

9

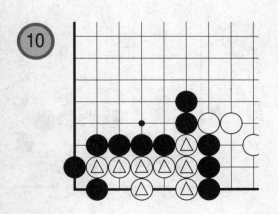

10

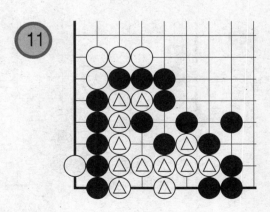

11

9-1. 数气

请标出对杀中的黑棋和白棋的气各为多少。

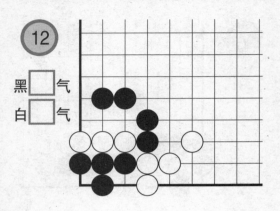

黑□气
白□气

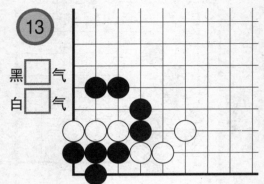

黑□气
白□气

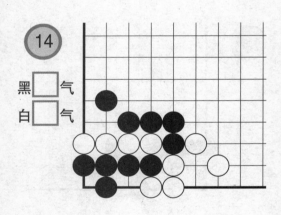

黑□气
白□气

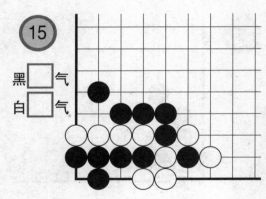

黑□气
白□气

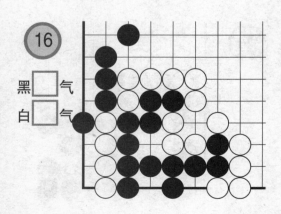

黑□气
白□气

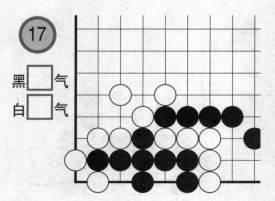

黑□气
白□气

9-1. 数气

在对杀中胜方标○。（黑先）

18　黑・白

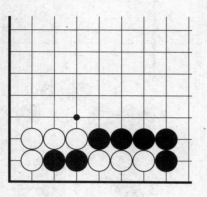

19　黑・白

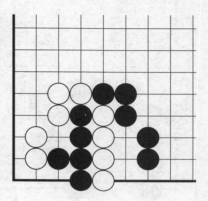

20　黑・白

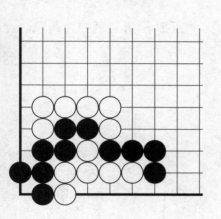

21　黑・白

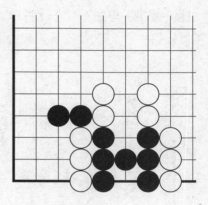

22　黑・白

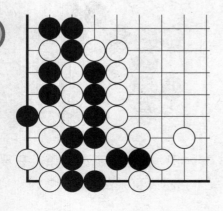

23　黑・白

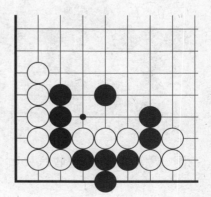

对杀和死活

1图

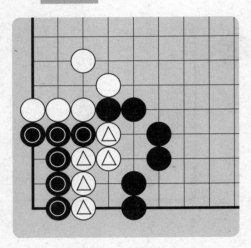

1图 黑 ● 与白 △ 进行对杀，结果如何？

2图

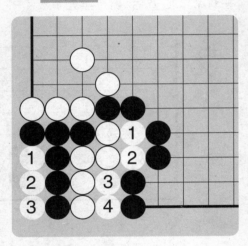

2图 黑为三气白为四气。

3图

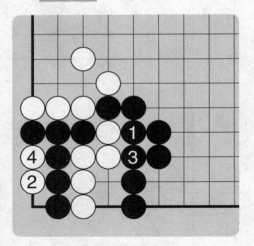

3图 黑简单地与1位收气失败。

4图

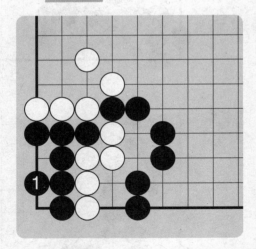

4图 这里黑不必对杀，只要黑1活棋既可杀白棋。

9-2. 对杀和死活

学习日期	月 日
检	

白1，黑想在对杀中取胜应如何下。

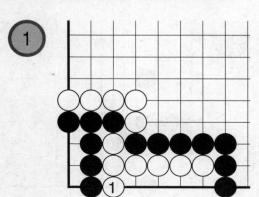

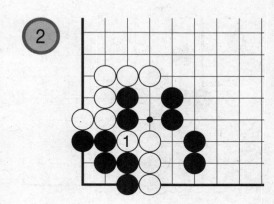

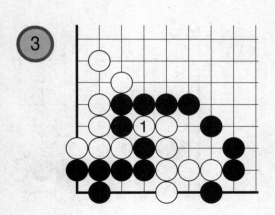

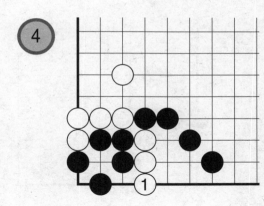

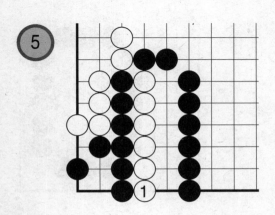

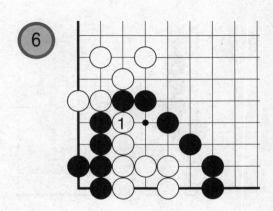

9-2. 对杀和死活

学习日期	月	日
检		

白1，黑想在对杀中取胜应如何下。

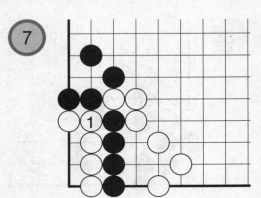

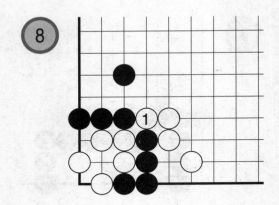

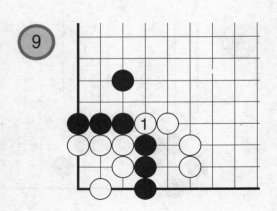

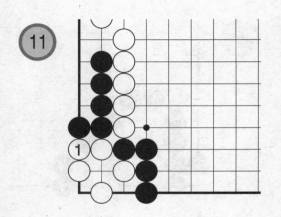

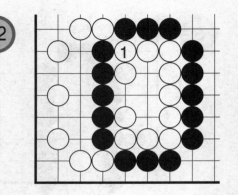

9-2. 对杀和死活

白1，黑想在对杀中取胜应如何下。

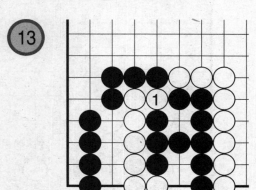

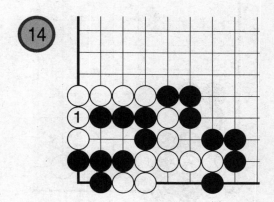

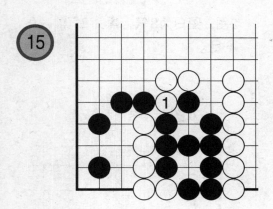

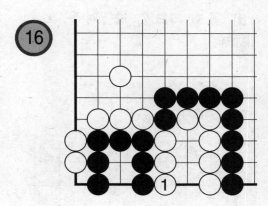

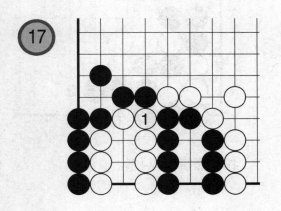

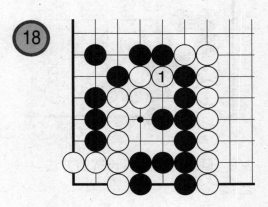

9-3 对杀与长气

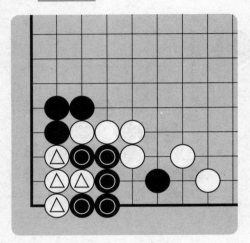

1图 黑 ● 与白 △ 进行对杀，结果如何。

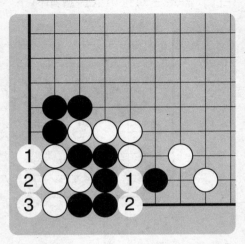

2图 图白为3气，黑为2气。黑气不足。

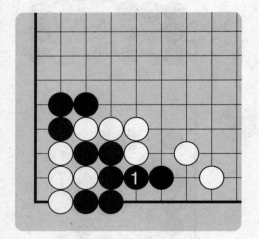

3图 但是，黑棋有长气的方法。黑1。

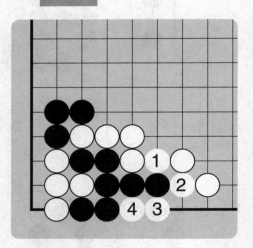

4图 黑棋便成4气。

9-3. 对杀与长气

白1，黑想在对杀中取胜应如何下。

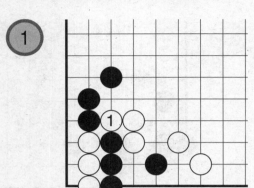

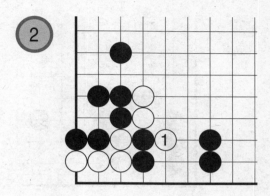

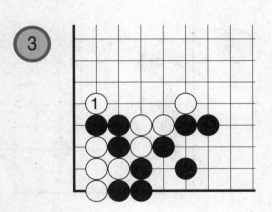

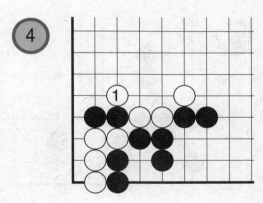

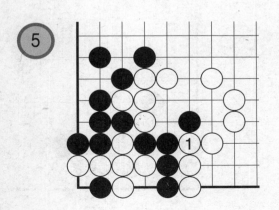

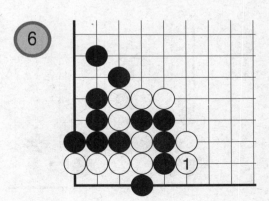

9-3. 对杀与长气

白1，黑想在对杀中取胜应如何下。

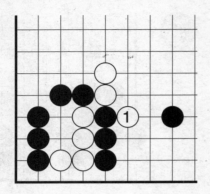

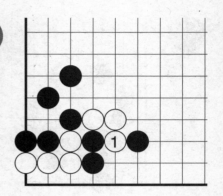

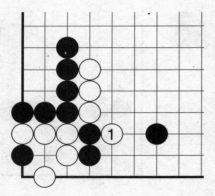

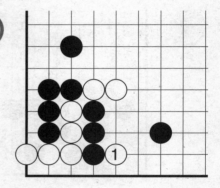

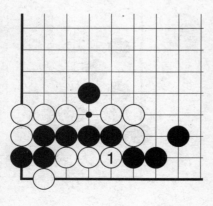

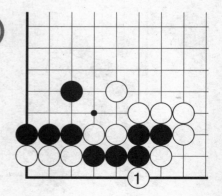

9-3. 对杀与长气

白1，黑想在对杀中取胜应如何下。

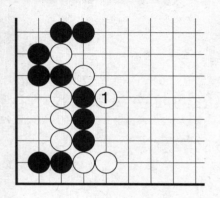

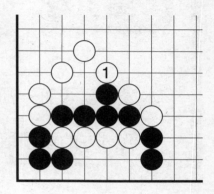

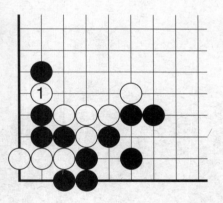

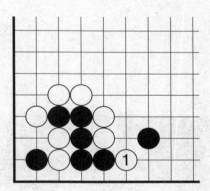

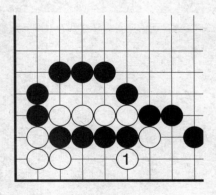

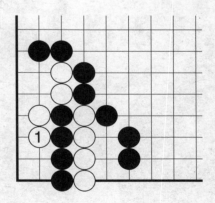

1图

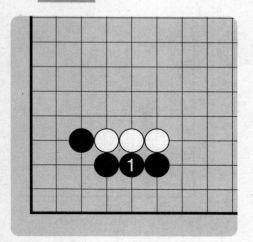

1图 连接自己的棋收对方的气。

2图

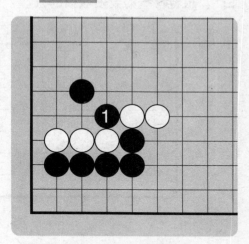

2图 断对方的子收对方的气。

3图

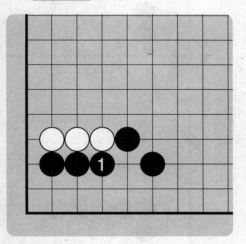

3图 边围空边收气。

4图

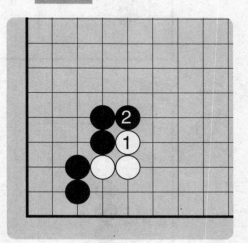

4图 收出头方向的气。

10-1. 收气

白1，想着收气的要领收白的气。

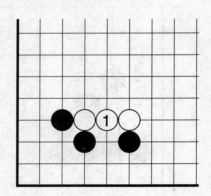

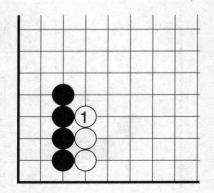

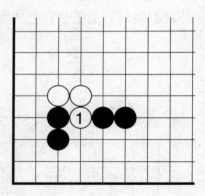

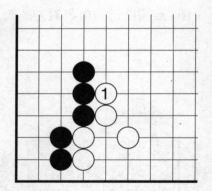

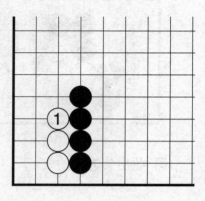

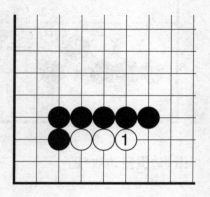

10-1. 收气

白1，想着收气的要领收白的气。

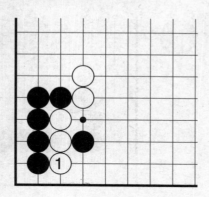

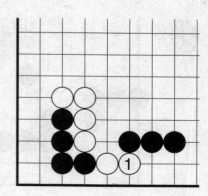

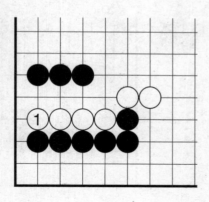

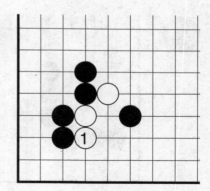

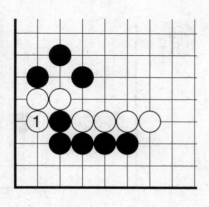

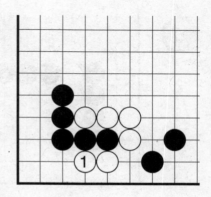

10-1. 收气

白1，想着收气的要领收白的气。

13
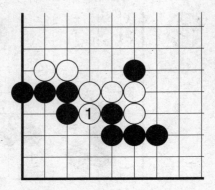

14
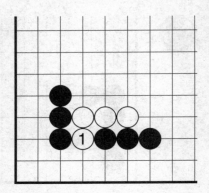

15
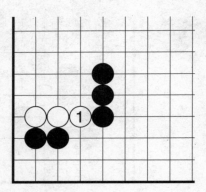

16
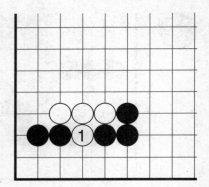

17
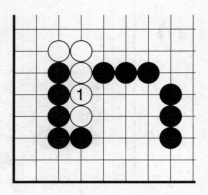

18
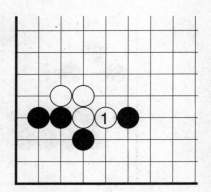

10-1. 收气

白1，想着收气的要领收白的气。

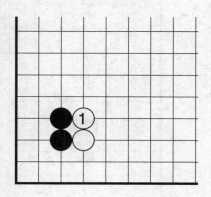

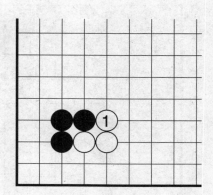

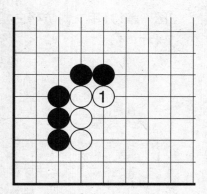

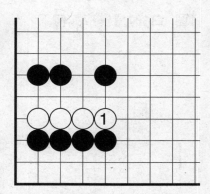

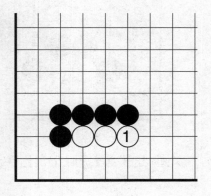

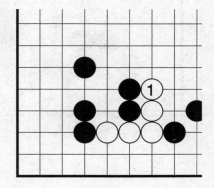

10-2 扳

1图

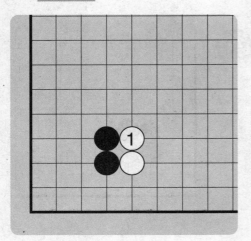

1图 白1时黑棋应如何下？

2图

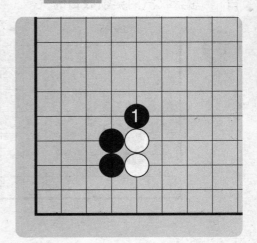

2图 黑1好手。既防碍白棋出头，又收白气。

3图

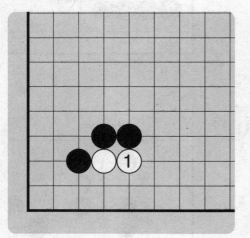

3图 白1时——

4图

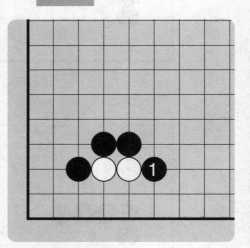

4图 这里黑1扳阻止白出头。

10-2. 扳

学习日期	月	日
检		

白1，请扳一手阻止白棋出头。

 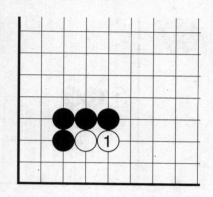

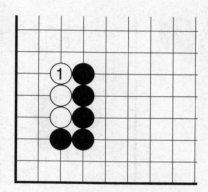

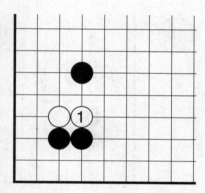

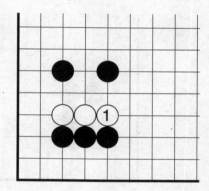

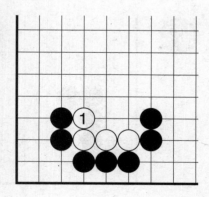

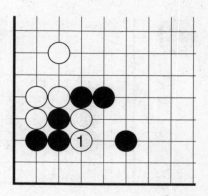

10-2. 扳

白1，请扳一手阻止白棋出头。

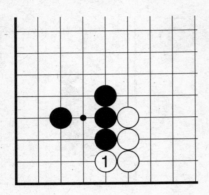

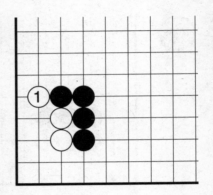

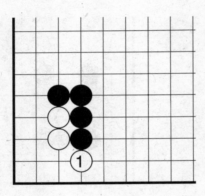

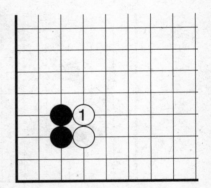

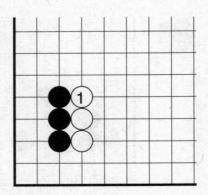

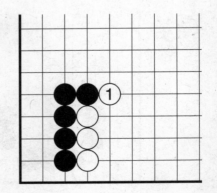

围棋小常识

 围棋竞猜

1 围棋（地、吃子）多的一方胜

2 实力强的叫（上手、下手），实力弱的叫（下手、上手）

3 上手拿（黑、白）棋，下手拿（黑、白）棋

4 两位下棋的人称为（对局者、观战者）旁边看棋的人称为（对局者、观战者）

5 观战者对对局者提醒（支招、正手）的行为（好、不好）

6 对局结束后应（杂谈、谢礼）

7 下在禁着点（时间败、犯规败）

8 假目（虚眼、假眼）

9 先摆几个子称为（互先、让子棋）

10 互相间围捕的子（对杀、倒扑）

11 长和长气

本章复习第一册的长气，并学习长的技术。长可以使棋坚实且可长气。

围棋

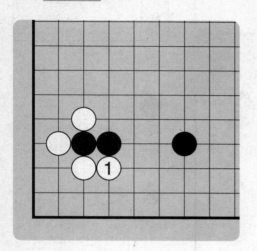

1图 白1，黑棋如何下？

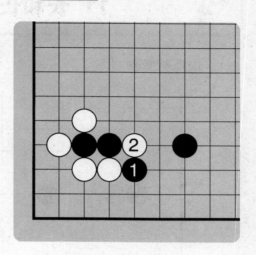

2图 黑1则白2，黑困难。

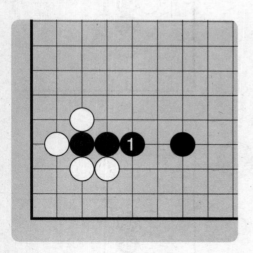

3图 黑1好手，称之为长。

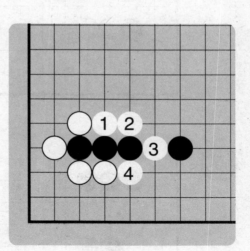

4图 黑变成4气，变得很坚实。

11. 长和长气

白1，请延长黑●的气。

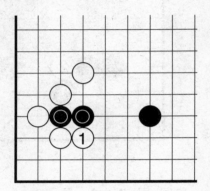

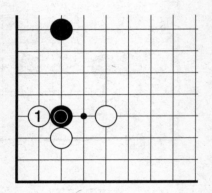

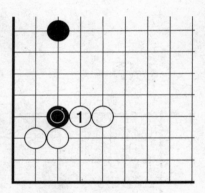

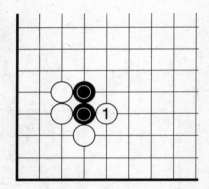

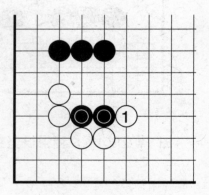

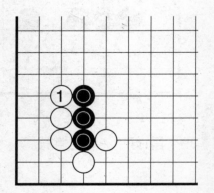

11. 长和长气

学习日期	月 日
检	

白1，请延长黑◉的气。

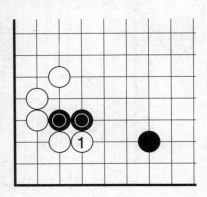

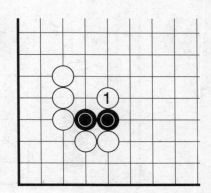

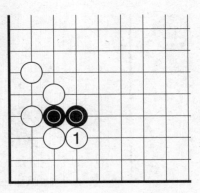

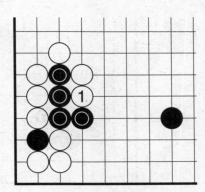

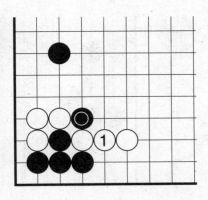

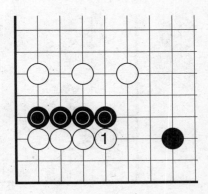

11. 长和长气

请长黑 ，白棋扳的地方便是黑棋长的地方。

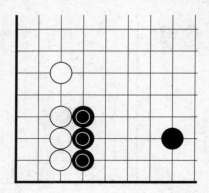

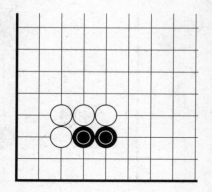

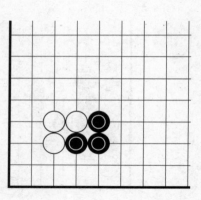

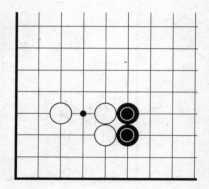

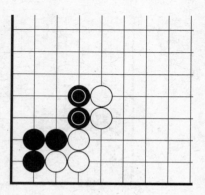

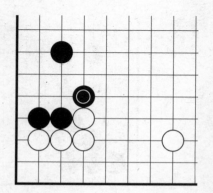

11. 长和长气

学习日期	月	日
检		

白1，请长黑◉。

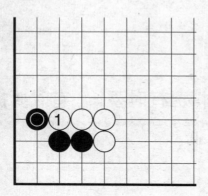

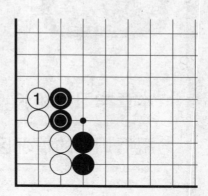

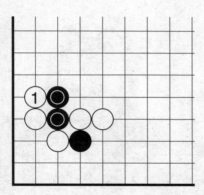

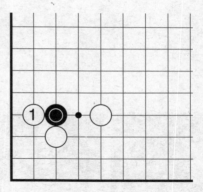

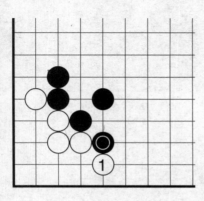

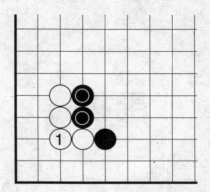

12

扳与长

本章学习扳和长。视周围情况有时要长，有时要扳。

根据周围的情况区分扳和长。

围棋

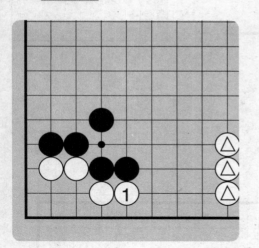

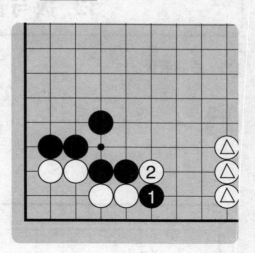

1图　白1，黑棋扳还是长？留意白△。

2图　黑1扳无理。白2断，黑危险。

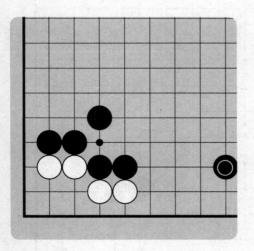

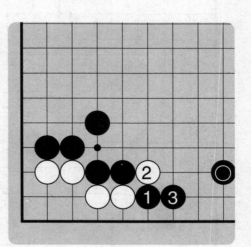

3图　有黑◉，就不同了。

4图　黑1扳，白2断，黑3可以战斗。对方强的时候坚实的长一手好，对方弱的时候扳一手好。

12. 扳与长

白1，黑棋要扳。

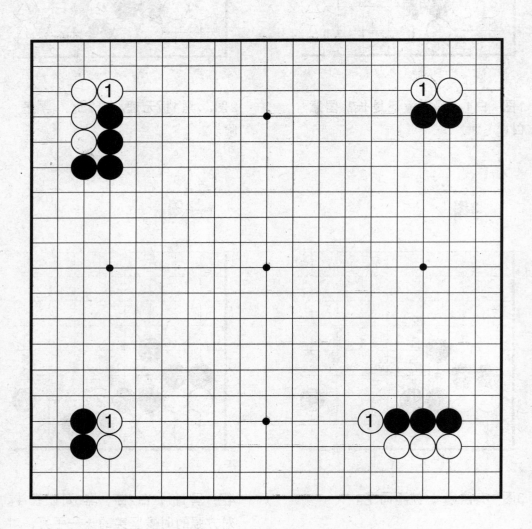

12. 扳与长

白1，黑棋要长。

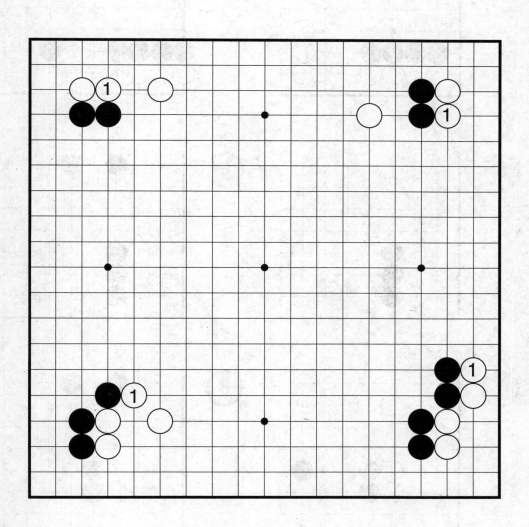

12. 扳与长

学习日期 月 日

检

白1，请选择扳或者长。

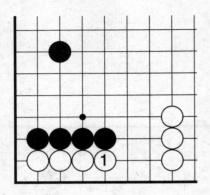

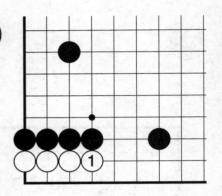

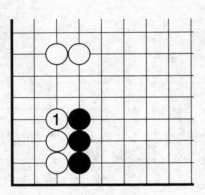

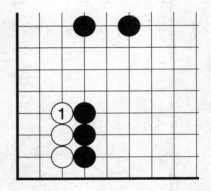

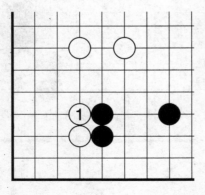

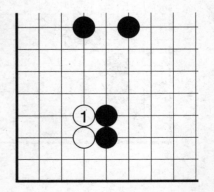

12. 扳与长

学习日期	月	日
检		

在A、B、C中，找出最好的一手画〇。

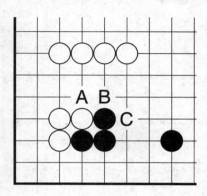

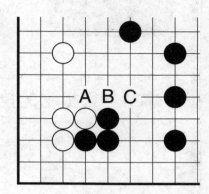

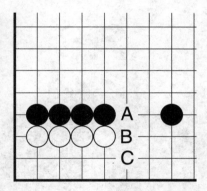

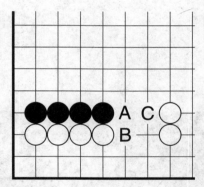

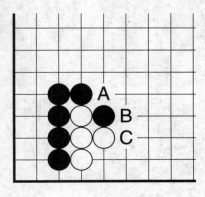

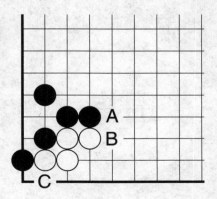

13 扳吃

本章学习扳吃的技术。

围棋

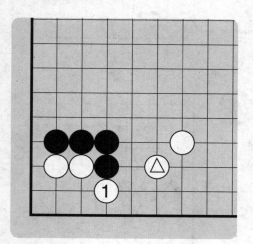

1图 白1，寻求与△连。黑棋如
何下?

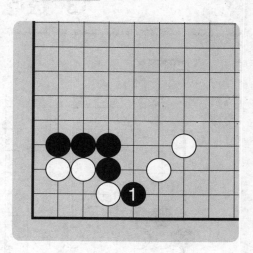

2图 黑1大胆地扳。

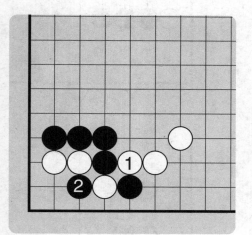

3图 白1断，黑2吃白一子。

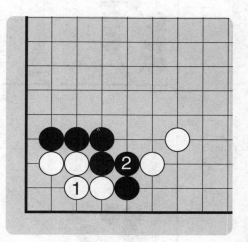

4图 白1若连，黑2连切断白棋联络。

13. 扳吃

学习日期	月	日
检		

白1，黑如何下？

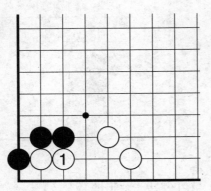

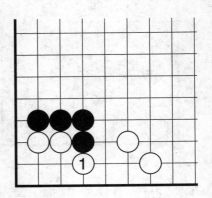

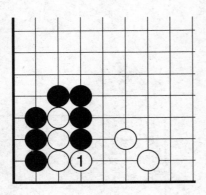

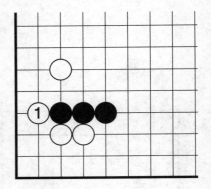

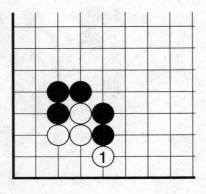

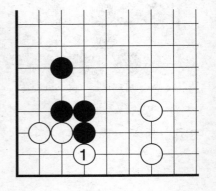

13. 扳吃

学习日期	月	日
检		

对 的扳，白1断。黑如何下？

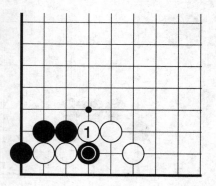

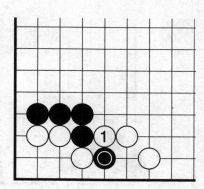

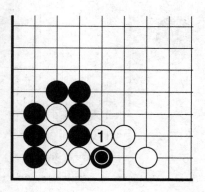

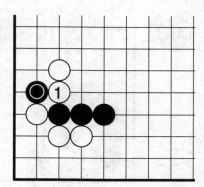

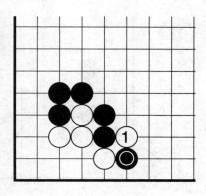

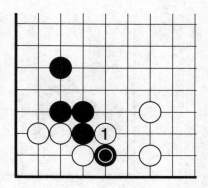

13. 扳吃

学习日期	月	日
检		

白1，黑棋如何下?

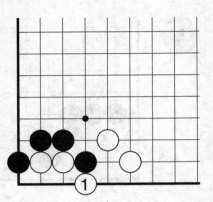

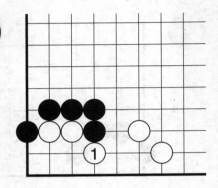

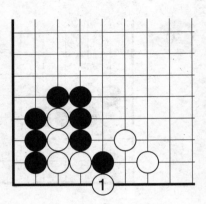

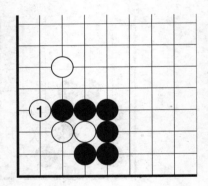

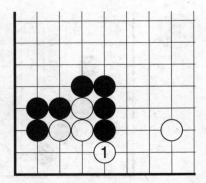

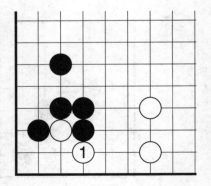

13. 扳吃

学习日期	月	日
检		

白1，黑棋如何下？

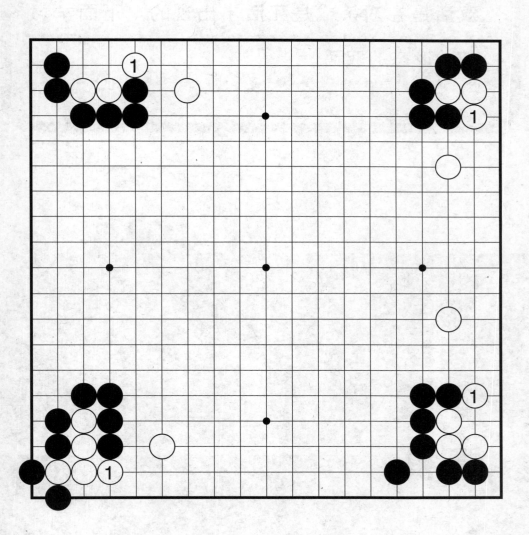

14 双活

双活是在对杀或是死活中出现的。下面学习各种形态的双活。

围棋

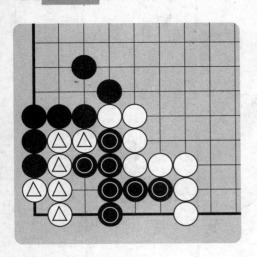

1图 ● 与 △ 在对杀。

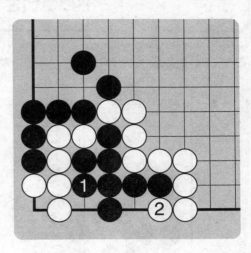

2图 黑1则白2，黑反而被杀。因为白棋有一只眼。

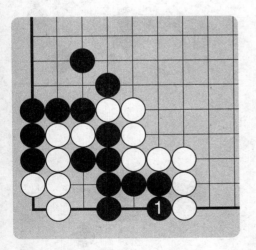

3图 这里黑1可以做一只眼。

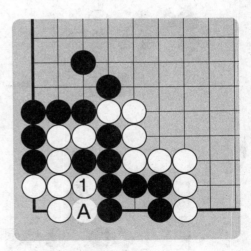

4图 成为双活。

14. 双活

白1，请做成双活。

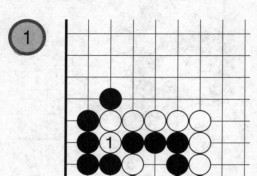

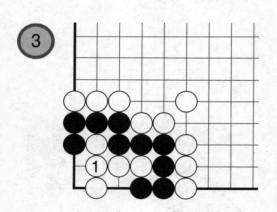

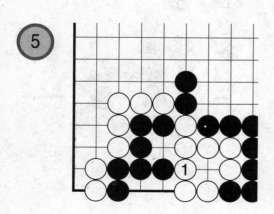

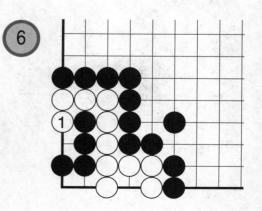

14. 双活

学习日期	月	日
检		

白1，请做成双活。

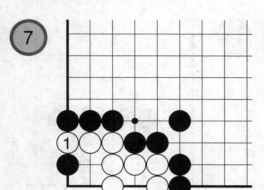

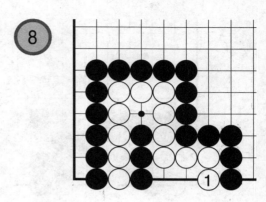

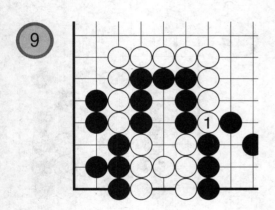

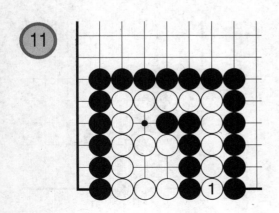

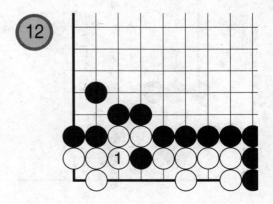

14. 双活

学习日期	月	日
检		

白1，请做成双活。

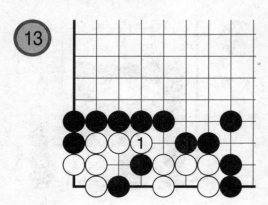

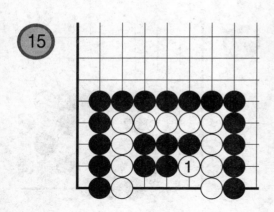

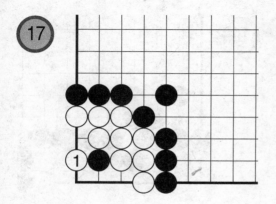

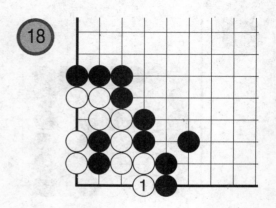

14. 双活

学习日期	月	日
检		

白1，请做成双活。

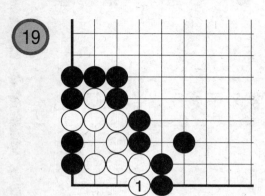

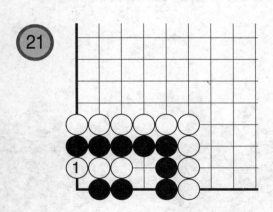

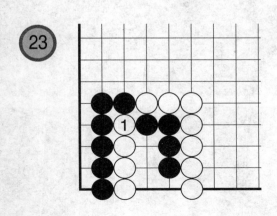

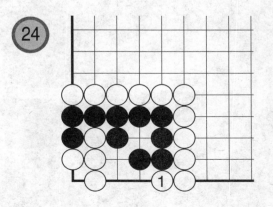

15 好手与坏手

分清好手与坏手很重要。要多下好手，纠正坏手。

围棋

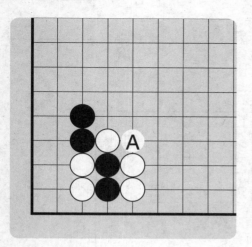

1图　A有弱点。

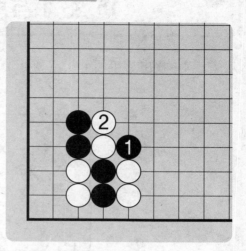

2图　黑1，要吃白一子。

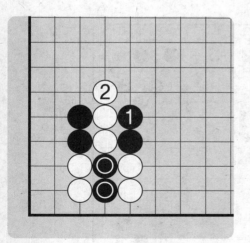

3图　但即使黑1继续要吃白棋，因●被擒，无理。

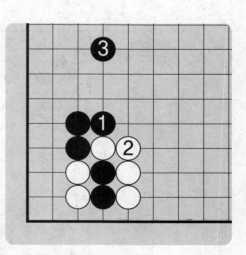

4图　应此，黑棋要1打吃，3位拆。

15. 好手与坏手

从黑1-4中找出好手画上〇。（2处）

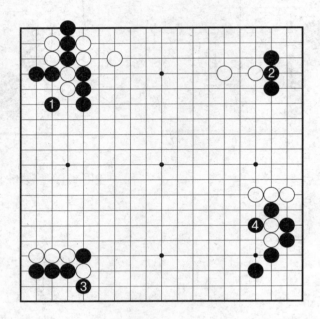

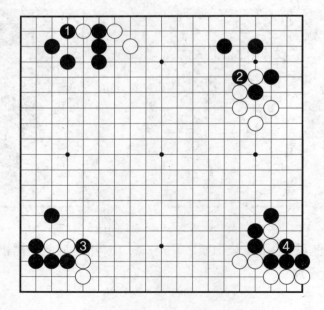

15. 好手与坏手

从黑1-4中找出好手画上O。（2处）

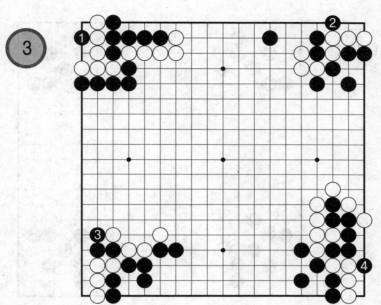

15. 好手与坏手

从黑1–4中找出好手画上○。（2处）

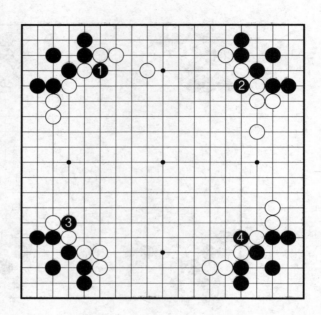

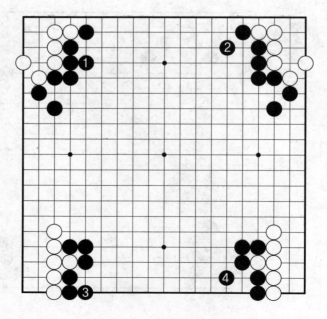

15. 好手与坏手

学习日期		月	日
检			

从黑1-4中找出好手画上○。（2处）

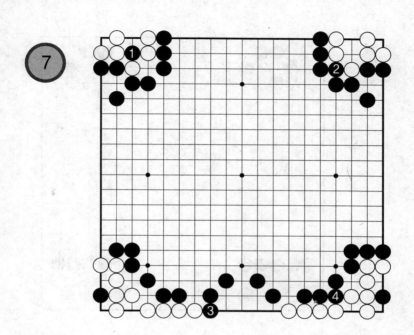

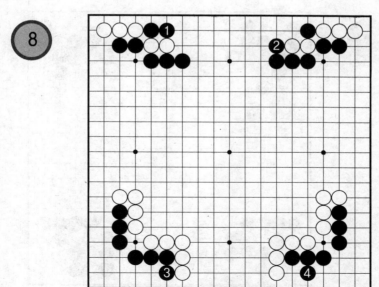

15. 好手与坏手

学习日期	月	日
检		

从黑1-4中找出好手画上〇。（2处）

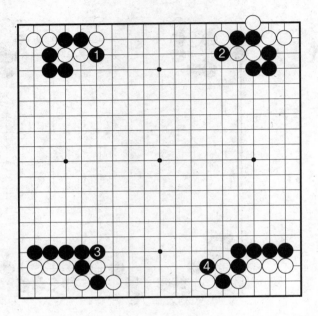

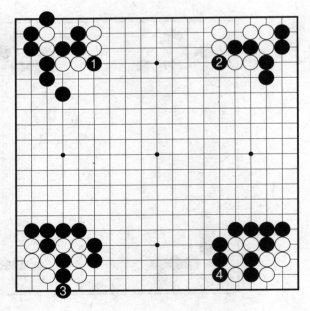

15. 好手与坏手

从黑1–4中找出好手画上O。（2处）

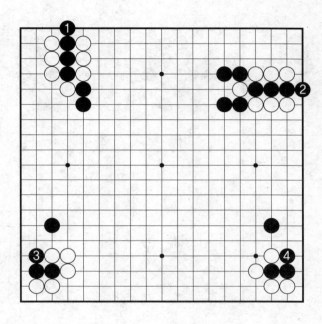

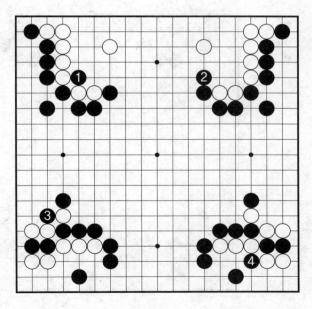

15. 好手与坏手

学习日期	月	日
检		

从黑1-4中找出好手画上○。（2处）

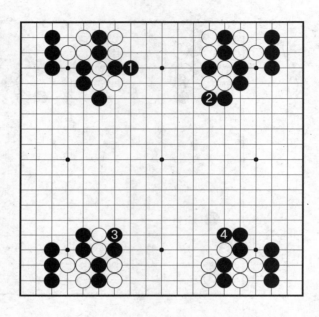

13

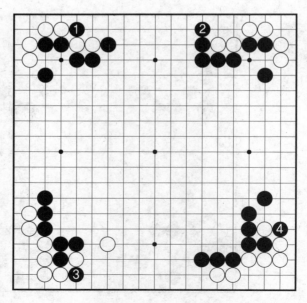

14

从黑1出发，找出黑的出口
用〇表示。但，可通过的
路是两数相加为5之处。

〇	△	□	×

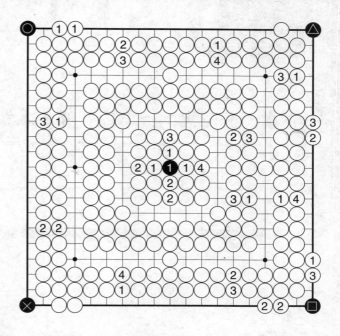

从入口开始将紧挨着的9
目棋涂上色彩找出出口。
黑一子算两目。

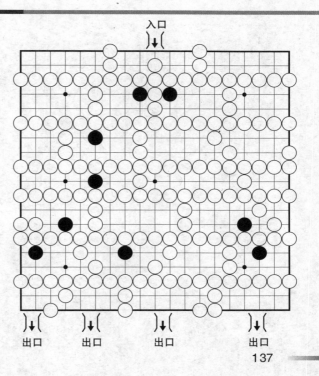

16 大小

下棋时分清棋的大小很重要。本章学习棋的大小。

围棋

16. 大小

比较左右两块棋，并把目数多的标在中间。黑一子为两目。

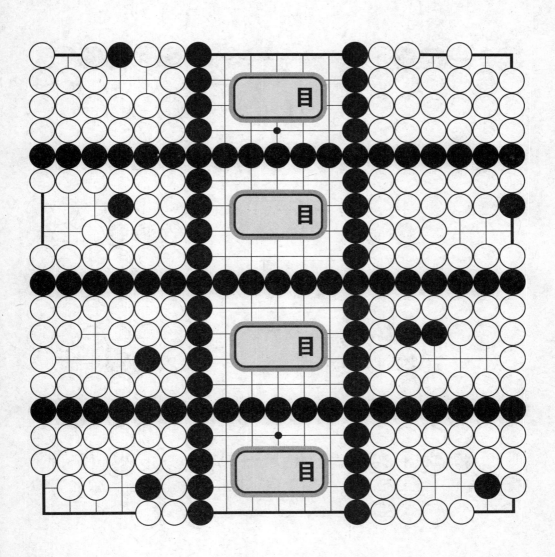

16. 大小

比较左右两块棋，并把目数多的标在中间。黑一子为两目。

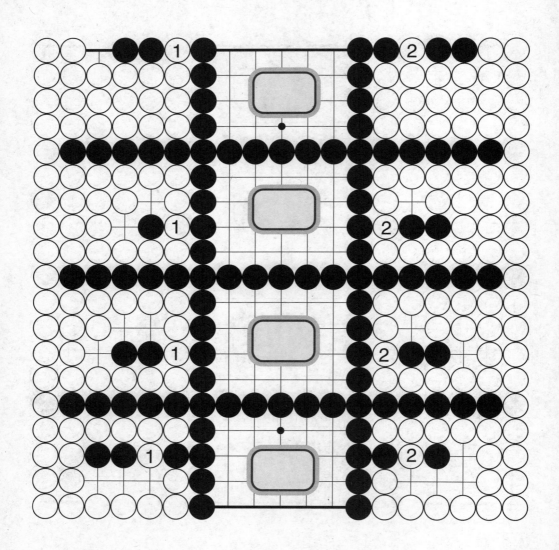

16. 大小

请将目数最多的白棋吃住。黑一子为两目。

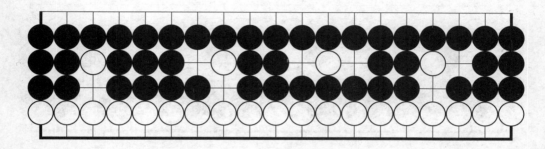

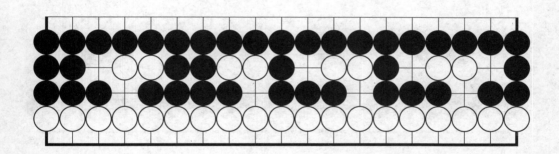

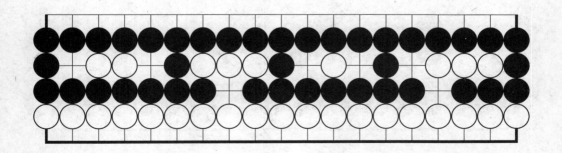

16. 大小

请速接目数最多的一子。黑一子为两目。

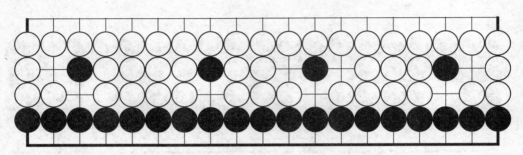

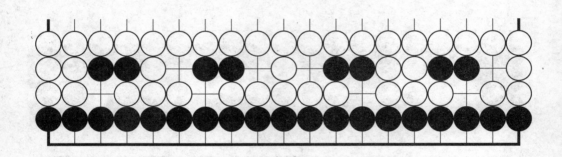

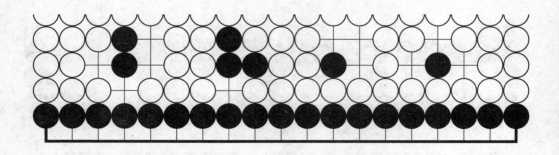

请找出从黑1到黑2的通路。
可通过的路口是两数之和
为10之处。

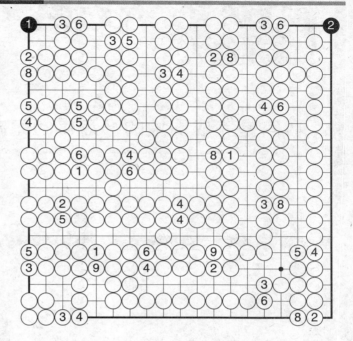

从进口开始将紧挨着的10
目棋涂上色彩找出出口。
黑一子算两目。

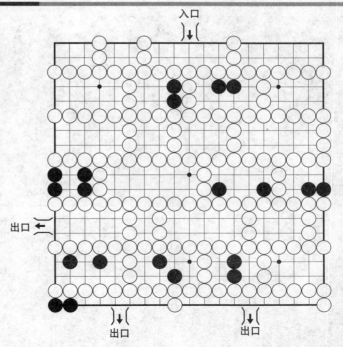

17 收官

収官是完成围地的一盘棋的完成阶段。

围棋

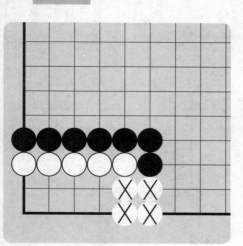

1图 X处是未定的地界。

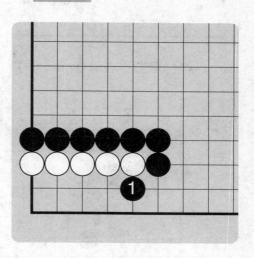

2图 黑棋为了缩小白棋的地域下在黑1，好棋。

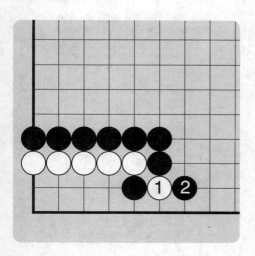

3图 白1断，黑2，白无理。

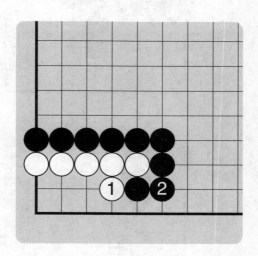

4图 白只能1挡，决定地界。

17. 收官

缩小白地界黑应下在何处。(1手)

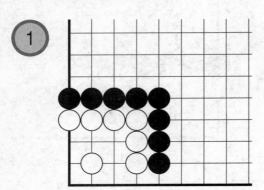

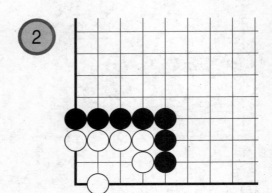

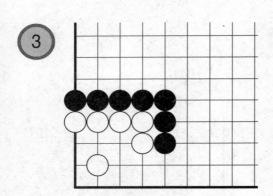

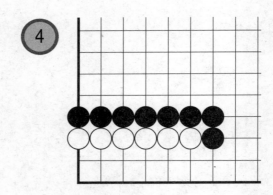

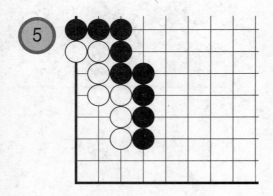

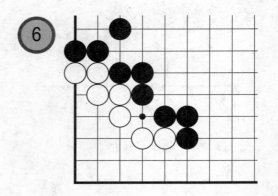

17. 收官

请把未完成的收官之处标上〇。（各一处）

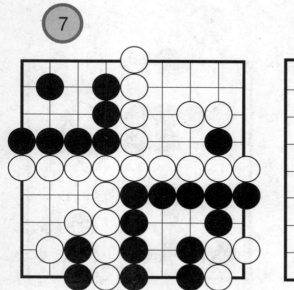

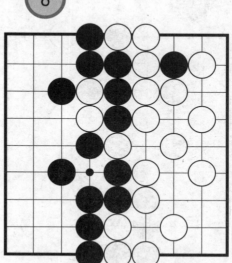

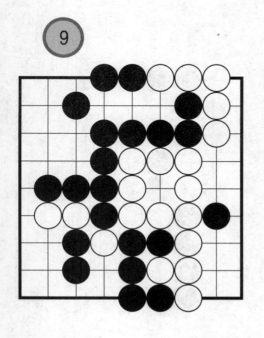

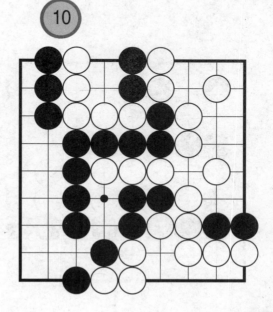

17. 收官

学习日期	月 日
检	

请在收官之处画O，单官画X。

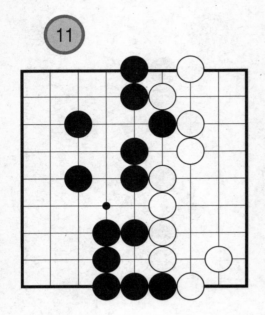

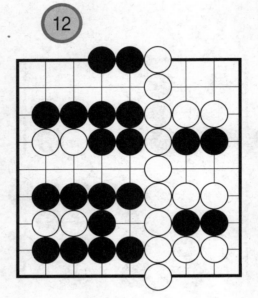

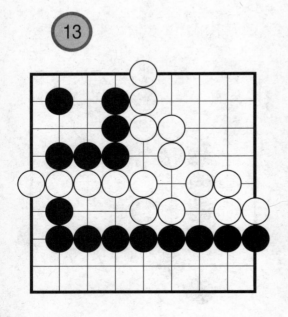

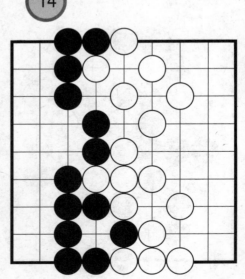

17. 收官

学习日期	月	日
检		

请在单官处画X，收官之处画O。

15

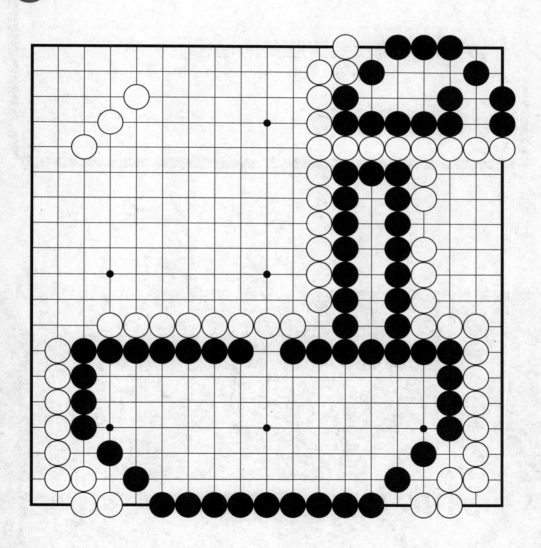

数空

数空是棋终后判定胜负的过程。

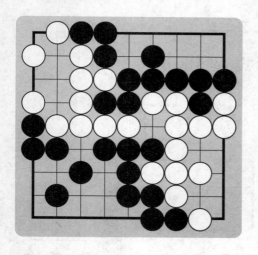

1图 一盘棋已结束。

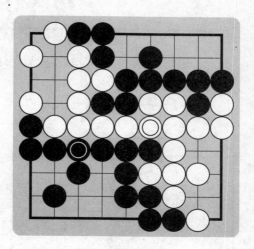

2图 先收单官。黑● 与白◎ 在收单官。

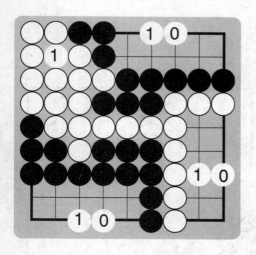

3图 然后，移动黑子和白子，把空做成10目一个单位，这样容易计算空。黑20目，白11目。

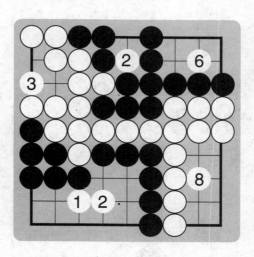

4图 如果没有作好棋，数棋会很麻烦。

18. 数空

棋已结束，以10目为单位作好棋则标○，否则标 X。

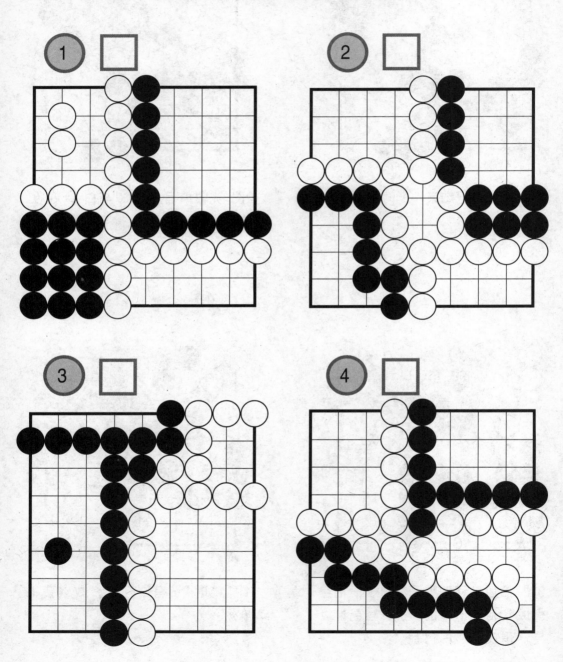

18. 数空

请数出黑、白各为几子，及谁胜谁负。

⑤

黑 ☐ 目，白 ☐ 目，☐ 胜!!

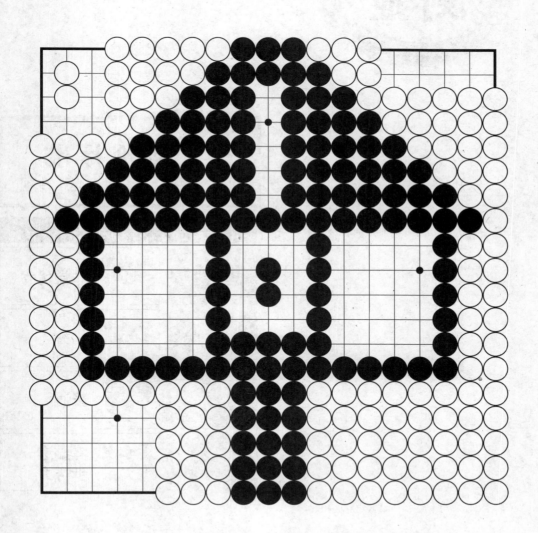

实力测验

评价标准
限时5分钟，总24题

正解数	评 价	
24~22		非常优秀
21~18		优秀
17~15		普通
答不足15题者		需要进一步努力

实力测验

限时5分钟，总24题

白1时，标出黑的应手。

正解数

1 互相叫吃

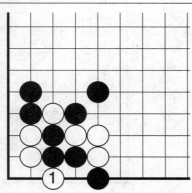

2 接不归

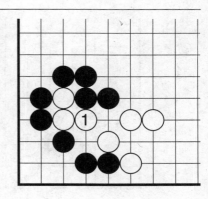

3 征

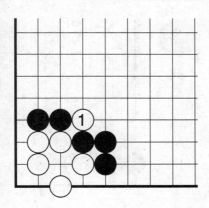

4 罩

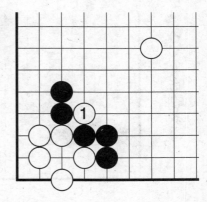

5 征和罩

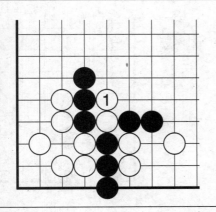

6 连

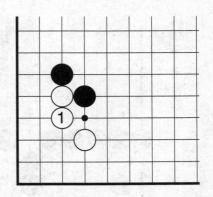

第1回

实力测试

白1时，标出黑的应手。

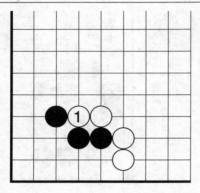

7 连

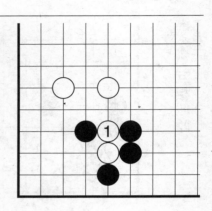

8 叫吃的本领

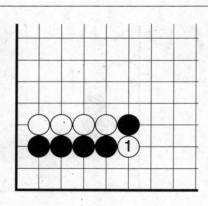

9 叫吃的本领

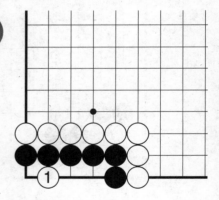

10 死活

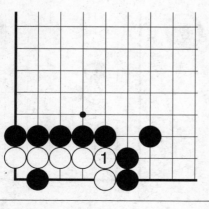

11 死活

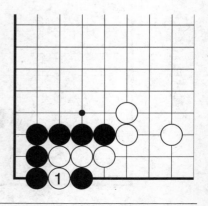

12 撞气

实力测试

白1时，标出黑的应手。

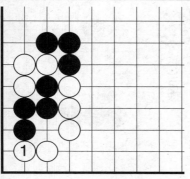

13 对杀

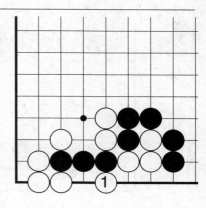

14 对杀

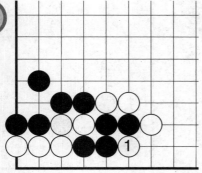

15 对杀

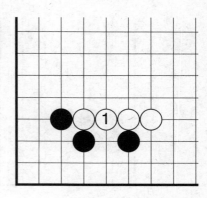

16 收气

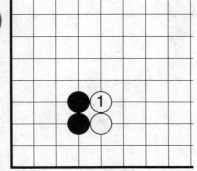

17 扳

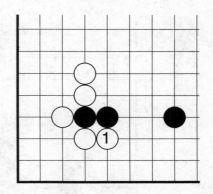

18 长

第1回 实力测试

白1时，标出黑的应手。

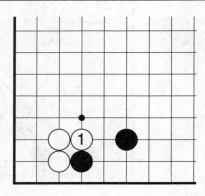

19 长

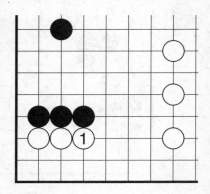

20 长与扳

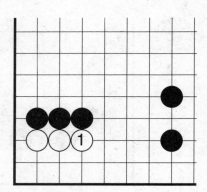

21 长与扳

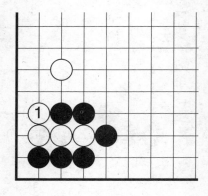

22 扳

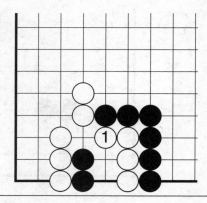

23 双活

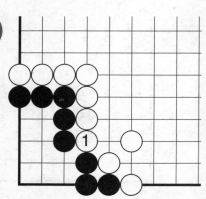

24 守空

实力测验

限时5分钟，总24题

白1时，标出黑的应手。

1 互相叫吃

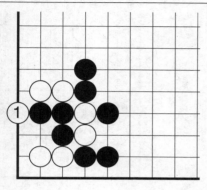

2 接不归

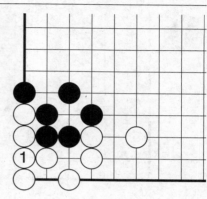

3 征

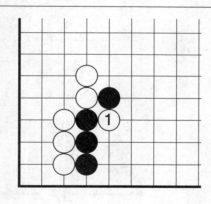

4 罩

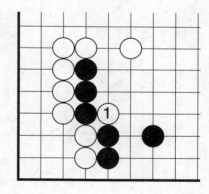

5 征

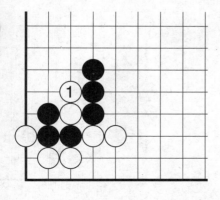

6 连

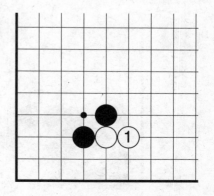

实力测试

白1时，标出黑的应手。

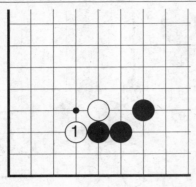

7 断

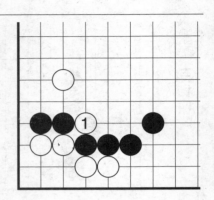

8 叫吃的本领

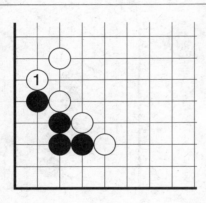

9 双叫吃

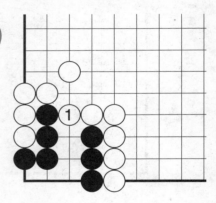

10 死活

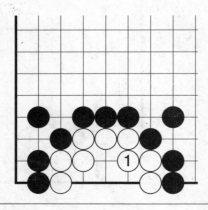

11 死活

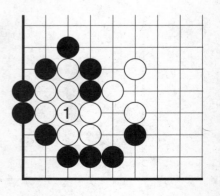

12 撞气

第2回

实力测试

白1时黑应下在哪儿？（画O标出）

13 对杀
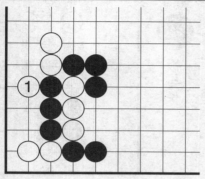

14 对杀
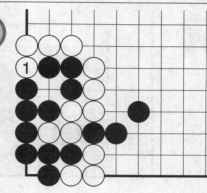

15 对杀
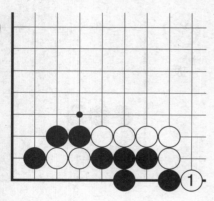

16 收气
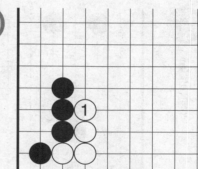

17 扳
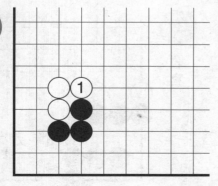

18 长
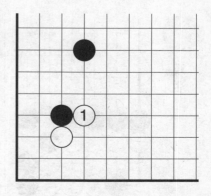

实力测试

第2回

白1时，标出黑的应手。

19

长

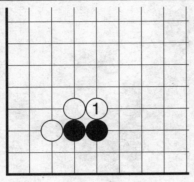

20

扳与长

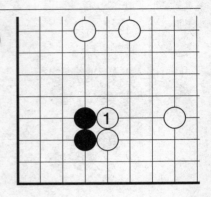

21

扳与长

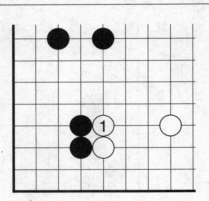

22

扳

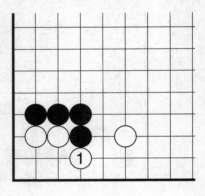

23

双活

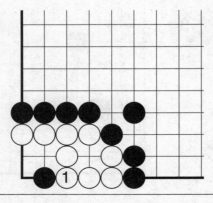

24

收官

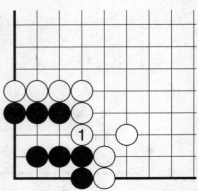

实力测验

限时5分钟，总24题

白1时，标出黑的应手。

1 互相叫吃

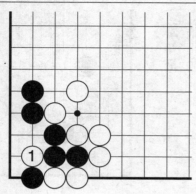

2 接不归

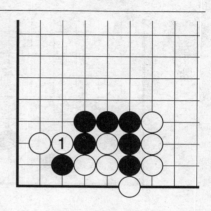

3 征

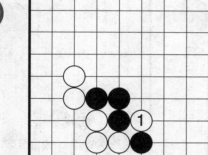

4 罩

5 征

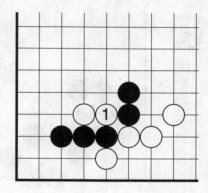

6 连

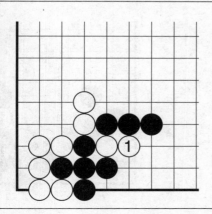

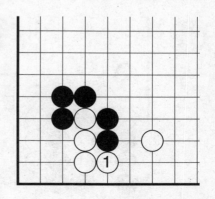

实力测试

白1时，标出黑的应手。

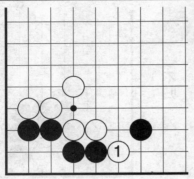

7

断

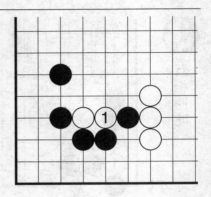

8

征

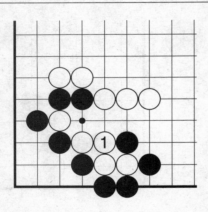

9

叫吃的本领

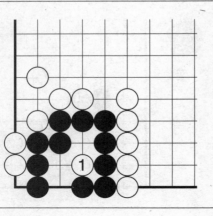

10

死活

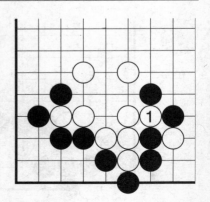

11

死活

12

撞气

实力测试

白1时，标出黑的应手。

13

对杀

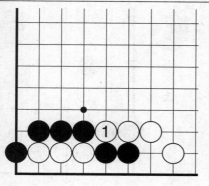

14

对杀

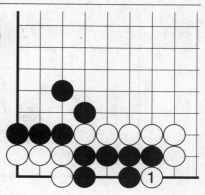

15

对杀

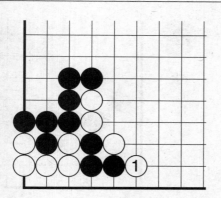

16

收气

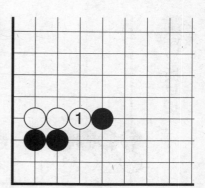

17

扳

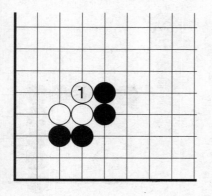

18

长

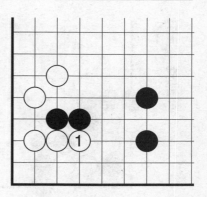

实力测试

白1时，标出黑的应手。

19
长

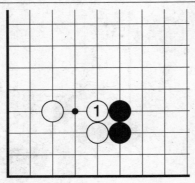

20
扳与长

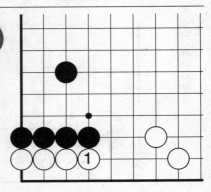

21
扳与长

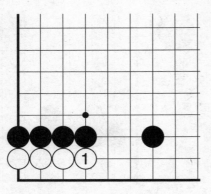

22
扳

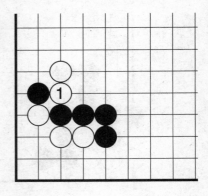

23
双活

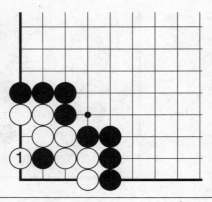

24
收官

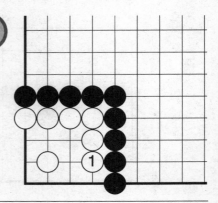

实力测验

白1时，标出黑的应手。

正解数	

1 互相叫吃

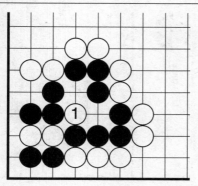

2 接不归

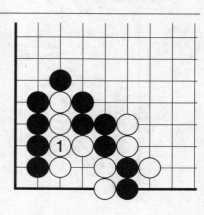

3 征

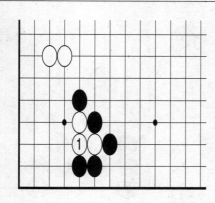

4 罩

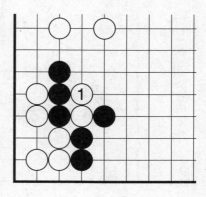

5 罩

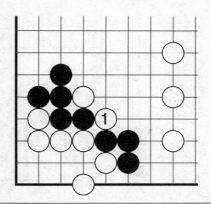

6 连

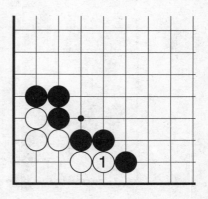

实力测试

白1时，标出黑的应手。

7

断

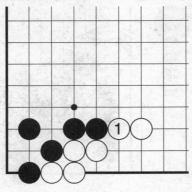

8

叫吃的本领

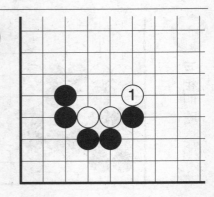

9

叫吃的本领

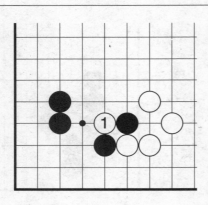

10

死活

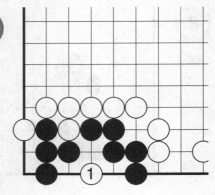

11

死活

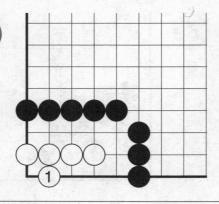

12

撞气

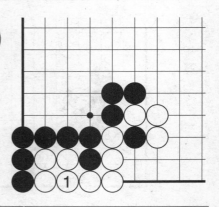

实力测试

白1时，标出黑的应手。

13
对杀

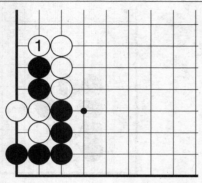

14
对杀

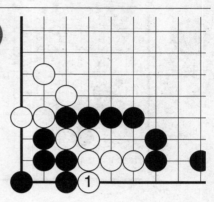

15
对杀

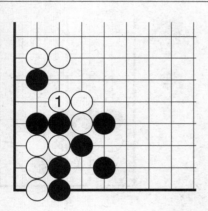

16
收气

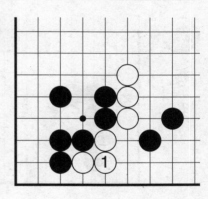

17
扳

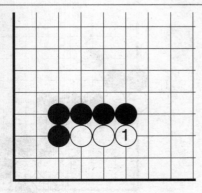

18
长

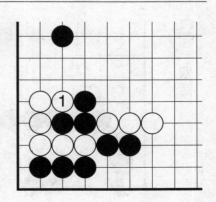

第4回

实力测试

白1时，标出黑的应手。

19
长

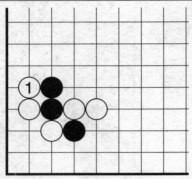

20
扳

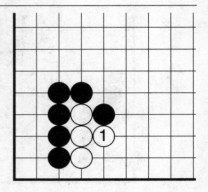

21
扳和长

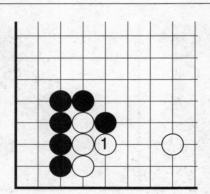

22
连

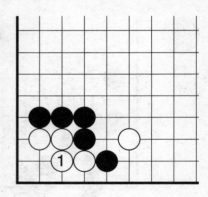

23
双活

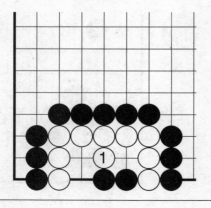

24
收官

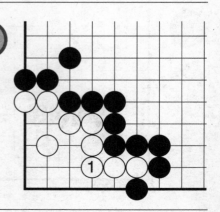

实力测验

限时5分钟，总24题

白1时，标出黑的应手。

1 互相叫吃

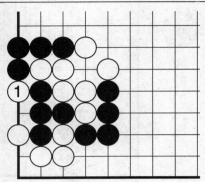

2 接不归

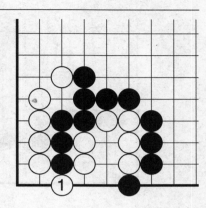

3 征

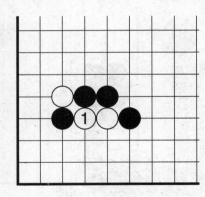

4 罩

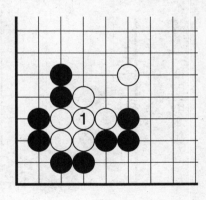

5 征和罩

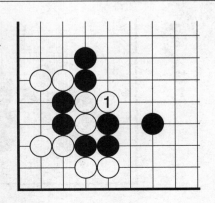

6 连

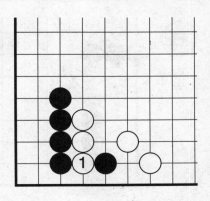

实力测试

白1时，标出黑的应手。

7 断

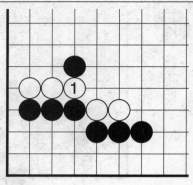

8 叫吃的本领

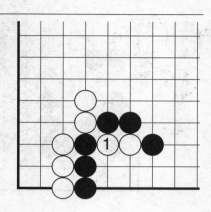

9 叫吃的本领

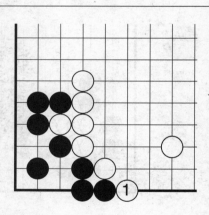

10 死活

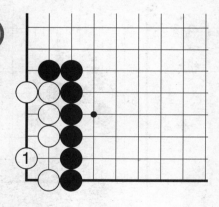

11 双活

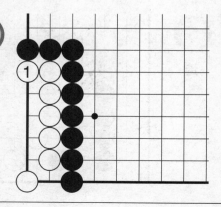

12 撞气

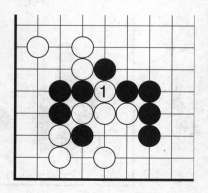

第5回

实力测试

白1时，标出黑的应手。

13 对杀

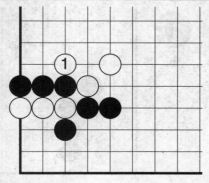

14 对杀

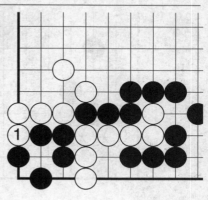

15 对杀

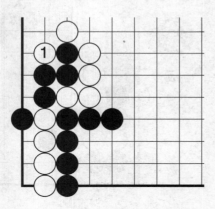

16 收气

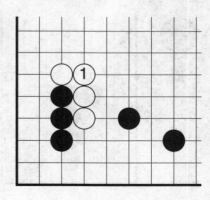

17 扳

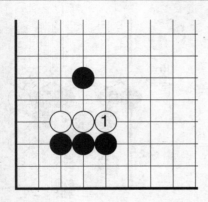

18 长

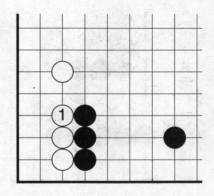

实力测试

白1时，标出黑的应手。

19

长

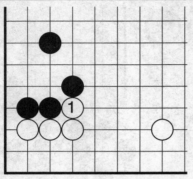

20

长

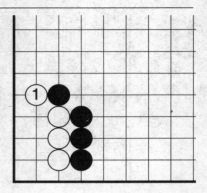

21

扳

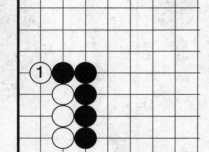

22

扳

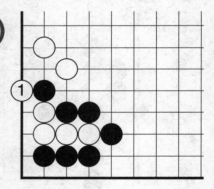

23

共活

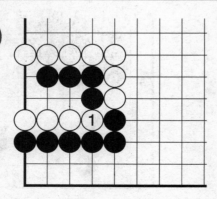

24

收官

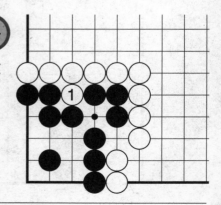